MARKETING SIMPLE

DONALD MILLER

CON J. J. PETERSON

MARKETING
SIMPLE

Una guía paso a paso para simplificar
la storybrand de cualquier tipo de empresa

 Empresa Activa

Argentina – Chile – Colombia – España
Estados Unidos – México – Perú – Uruguay

Título original: *Marketing Made Simple*
Editor original: HarperCollins Leadership, an imprint of HarperCollins Focus LLC.

1.ª edición Febrero 2021

ISBN: 978-84-16997-40-4
E-ISBN: 978-84-18259-49-4
Depósito legal: B-87-2021

Fotocomposición: Ediciones Urano, S.A.U.
Impreso por Romanyà Valls, S.A. – Verdaguer, 1 – 08786 Capellades (Barcelona)

Impreso en España – *Printed in Spain*

ÍNDICE

INTRODUCCIÓN

El marketing debería ser fácil y debería funcionar. El mejor y más sencillo plan de marketing, tanto para una pequeña como para una gran empresa, comienza con un embudo de ventas *(sales funnel)*. No importa lo que vendas, si utilizas palabras para vender tus productos, el embudo de ventas funcionará.

El embudo de ventas es el cimiento básico de un buen plan de marketing digital. Una vez creado, tu campaña publicitaria lo respaldará.

Si bien el marketing es más que un plan digital, tu estrategia digital, incluyendo tu página web, la generación de clientes potenciales *(leads)* y la campaña de correo electrónico servirán como base para el resto de estrategias.

Pero, lo más importante, necesitas un embudo de ventas y este libro te enseñará a crear uno.

El embudo de ventas es una forma de captar y convertir clientes potenciales.

Todos los empresarios, propietarios de negocios y comerciantes deben saber cómo funciona un embudo de ventas. La lista de verificación que encontrarás en este libro detallará todo lo que necesitas saber para construir un embudo de ventas que funcione, tanto si lo creas tú como si alguien lo desarrolla para ti. Cada capítulo de este libro te dará consejos y estrategias para crearlo correctamente.

En MarketingMadeSimple.com puedes descargar una plantilla gratuita en papel, *(paper wireframe)* que, junto con este libro, te ahorrará una enorme cantidad de tiempo y angustias.

En *StoryBrand*, hemos ayudado a más de diez mil pequeñas, medianas y grandes empresas a crear embudos de ventas que funcionen. Casi todos comenzaron simplemente rellenando estas plantillas de papel.

Cuando descargues la plantilla, también obtendrás dos ejemplos de esquema cumplimentados para ayudarte a comprender hacia dónde te diriges.

Este libro trata sobre la realización de una estrategia fácil de marketing. Se puede hablar de marketing todo el día, pero solo ganarás dinero con lo que ejecutes.

La mayoría de los planes de marketing no fallan en la intención o la filosofía de la comunicación, fallan en la ejecución. La gente simplemente no logra hacerlo. El año pasado, mi colaborador, el Dr. J. J. Peterson, realizó su tesis doctoral sobre el sistema de mensajería de *StoryBrand*. En la tesis, J. J. defendió la idea de que la infraestructura funciona para cualquier tipo de negocio, grande o pequeño, B2B o B2C. Sin embargo, J. J. descubrió que el éxito con ese sistema depende de un imperativo crucial: la ejecución. Este libro trata sobre la ejecución y te ayudará a hacer el trabajo necesario.

Si tienes un mensaje claro y no tienes embudo de ventas, tu negocio no crecerá. Tus visitantes supondrán que no puedes resolver sus problemas y se irán en busca de ayuda a otra parte.

NO MALGASTES TU DINERO EN MARKETING QUE NO FUNCIONA

Si no has empezado a gastar dinero en marketing aún, este libro te ahorrará miles, si no millones, de dólares. Y si has estado malgastando dinero en marketing, este libro detendrá ese gasto en seco.

A lo largo de los años de trabajo en StoryBrand, hemos conocido muchas agencias de marketing que venden logotipos, esquemas de colores y directrices de marca, seguidos de anuncios de Facebook y *landing page* (página de aterrizaje) elegantes. Sin la implementación de un embudo de ventas, la mayoría de esas cosas no funcionarán.

J. J. y yo hemos desarrollado cientos de guías de marketing certificadas por StoryBrand y en ese tiempo hemos experimentado con decenas de ideas de marketing. Sin embargo, seguimos volviendo al viejo y confiable embudo de ventas.

La lista de verificación que encontrarás en este libro te proporcionará resultados.

Si eres un emprendedor, el propietario de una empresa o trabajas en el departamento de marketing de una gran organización, este libro será un plan de acción fácil de entender.

Si estás a cargo de la comercialización de tu empresa, considera éste como tu nuevo libro de estrategias. Y si diriges una empresa, regálale este libro a tu equipo de marketing y pídele que creen exactamente lo que está en esta lista de verificación.

PAGAR POR MARKETING QUE NO FUNCIONA NO ES UNA BUENA IDEA

Está mal que una empresa de marketing te cobre dinero y no sepas el retorno de tu inversión. De igual forma que es injusto que tú personalmente, inviertas tu tiempo y esfuerzo en un trabajo que no te compensa. Tu tiempo es demasiado valioso para eso.

Si lees este libro y necesitas ayuda, visita MarketingMadeSimple.com dónde encontrarás un guía certificada por StoryBrand para crear tu embudo de ventas. Sin embargo, incluso si contratas a alguien para ello, este libro será importante para mostrarte cómo te puede ayudar. Si captas perfectamente cómo debería ser tu plan de marketing podrás aportar valiosas indicaciones y feedback.

El marketing no tiene que ser complicado. Sigue las pautas de este libro y aprenderás a confiar en tu marketing, harás crecer tus objetivos y te conectarás con los clientes.

Comencemos.

PARTE I

→

LAS TRES ETAPAS
DE UNA RELACIÓN

1

EL ÚNICO PLAN DE MARKETING DEL QUE NUNCA TE ARREPENTIRÁS

Hace veinte años, acababa de escribir mi primer libro superventas. Antes de ese, había escrito un libro, pero mi madre fue la única que lo compró, así que no cuenta. Necesité dos intentos para llegar a escribir un libro que la gente realmente quisiera leer, y por lo que me contaban, triunfar en tu segundo intento era muy complicado. Más del 99 por ciento de los escritores de libros no logran vender suficientes ejemplares para ganarse la vida. Tuve suerte. Después de escribir un libro superventas, pensé que todo lo demás sería fácil. Asumí que cada libro que lanzaría después de eso también sería un éxito de ventas. Asumí que miles de personas aparecerían cada vez que diera una charla. Y supuse que podría hacer películas sobre mis libros y convertirme en una especie de fenómeno literario en Hollywood.

La realidad es que esto no sucede en el 99 por ciento de los casos en los que un escritor ha sido superventas.

Escribir un *best seller* es una gran ayuda, pero miles de autores superventas han malgastado gradualmente su dinero e influencia para que, al final, no tengan nada que mostrar. Y eso es lo que estuvo cerca de ocurrirme a mí.

En lugar de planificar, descansé en los laureles de mi éxito. Según mis cálculos, desperdicié unos diez años sin tomarme en serio mi oportunidad como autor (y ser humano) exitoso.

Si pudiera retroceder en el tiempo veinte años, este libro es la carta que me escribiría a mí mismo.

Sé que suena extraño decir que si pudiera retroceder veinte años en el pasado me sentaría y aprendería un plan básico de marketing, pero es cierto.

No tener un plan de marketing me costó millones de dólares, lo que podría haber sido una gran influencia internacional y la posibilidad de cumplir al menos algunos de mis sueños.

No me malinterpretes. Las cosas luego me han salido bien, pero la única razón por la que funcionaron es porque ejecuté este plan.

EL PLAN DE MARKETING DE CINCO PASOS QUE SÍ FUNCIONA

En resumen, hay cinco cosas que debí haber hecho hace veinte años para mantener el impulso de ese buen comienzo. Y después de hacer estas cinco cosas, debería haberlas hecho una y otra vez.

Son ridículamente pragmáticas. Son las siguientes:

1. **Crear un Guion de Marca (BrandScript).** Debería haber clarificado mi mensaje.
2. **Crear un eslogan** *(one-liner).* Debería haber condensado ese mensaje en una sola frase.

3. **Estructurar una** *landing page.* Debería haber elaborado ese mensaje y darle vida en una página web clara y convincente.

4. **Crear un PDF generador de** *Leads* **(potenciales contactos comerciales).** Debería haber usado un generador de potenciales contactos comerciales para captar correos electrónicos.

5. **Crear una campaña de correo electrónico.** Debería haberme ganado la confianza de las personas que me dieron su dirección de correo electrónico enviándoles correos útiles que resolvieran sus problemas.

Este es un libro sobre la construcción de una planificación para hacer crecer una empresa. Voy a intentar detallarlo de forma simple y específica.

La mayoría de los libros de negocios son extensos en la teoría y cortos en la aplicación, pero J. J. y yo te diremos exactamente qué debes hacer y en qué orden debes hacerlo para conseguir que el marketing funcione.

ESTE PLAN TE SACARÁ DE UN APRIETO

Aprendí a ejecutar este plan de marketing simple porque no me quedaba alternativa.

Hace veinte años, después de haber vendido millones de libros, lo perdí todo.

Gasté todo mi dinero en una inversión que fracasó.

En una luminosa y fresca mañana de septiembre, recibí una llamada diciendo que la inversión no había funcionado y que mis ahorros de toda la vida habían desaparecido.

Fue una de las temporadas más difíciles de mi vida. Sentí que había malgastado todo.

En las semanas posteriores a esa pérdida insoportable, me di cuenta de que no había asumido la responsabilidad de mi carrera. Había confiado en gestores externos, publicistas, inversores y editores para guiarme. En ese momento decidí convertirme en el director ejecutivo de mi propia vida. Yo tomaría las decisiones.

Decidí volver empezar.

En lugar de escribir otro libro, enviarlo al editor y esperar otro éxito de ventas, autopubliqué mi siguiente libro y creé una pequeña empresa. Empecé a buscar un plan de marketing asequible que funcionase, y después de experimentar durante años, ideé el plan que explico en este libro.

Hoy, mi esposa y yo somos dueños de una compañía llamada *Business Made Simple* que busca solucionar el problema de las deudas universitarias, ofreciendo cursos económicos de negocios *online* a cualquiera que quiera autoformarse.

Hoy, solo siete años después, donamos más a caridad cada año que lo que perdí ese lunes por la mañana.

¿Cómo sucedió todo esto? Siguiendo este plan de marketing simple de tan solo cinco pasos una y otra vez que es lo que construyó mi empresa y reconstruyó mi vida.

La buena noticia es que no tienes que invertir todo tu dinero para construir una gran empresa. Si sigues los cinco pasos descritos en este libro, harás crecer tu marca correctamente en el primer intento.

Si trabajas para una gran empresa, este plan funcionará para cada división y cada producto dentro de cada división. Sí, puedes usar este libro para crear múltiples embudos de ventas. De hecho, recomiendo hacer exactamente eso. Una vez que has creado tu primer embudo de ventas, comienza a trabajar en el siguiente. En última instancia, tu plan de marketing se sustentará de muchos embudos de ventas, cada uno vendiendo sus productos y servicios a diferentes grupos demográficos.

Independientemente de si es una empresa pequeña que crea algunos embudos de ventas o una gran empresa que crea cientos, el plan funciona.

No tienes que luchar con el marketing. Debes confiar en él y comprobar el retorno que recibes.

Si ejecutas el plan que está en este libro alcanzarás el éxito.

2

LAS ETAPAS DE UNA RELACIÓN

Por qué las personas tienen que tener curiosidad
y estar bien informadas antes de comprometerse.

Nuestro plan de marketing de cinco pasos invitará a las personas a una relación de confianza con tu marca. No solo venderás más productos, sino que los clientes comenzarán a pensar en ti, en tus vendedores e incluso en tus productos como amigos que lo están ayudando en su camino.

Comprender las etapas de una relación es importante porque nos ayuda a comprender lo que nuestro embudo de ventas debe lograr.

Todos queremos que la gente entienda cómo nuestros productos pueden resolver sus problemas y de esta manera convencerles para que realicen una compra. Pero resulta que simplemente pedirle a la gente que compre nuestros productos no funciona. Al menos no de inmediato.

Pedir una compra es una propuesta relacional. Y las relaciones tienen reglas.

La mayoría de nosotros le pedimos a la gente que compre nuestros productos de la misma manera que un chico tímido podría invitar a una chica a salir en una cita. Caminamos torpemente hacia ella en el pasillo, le damos un fuerte apretón de manos, como nos enseñó nuestro padre, y le preguntamos si le gustaría ir al cine con nosotros y con nuestra madre, que se acaba de comprar un coche nuevo. (Estoy contando la historia de lo que le sucedió a un amigo).

Quién sabe si esa relación funcionará. Esperemos que sí por el bien del chico. Independientemente del resultado, al chico le iría mucho mejor si entendiera cómo funcionan realmente las relaciones. Y la verdad es que las relaciones se construyen lentamente.

Todas las relaciones pasan por tres etapas, tanto si estamos hablando de una relación romántica como de una amistad o incluso una relación con una marca. Y, estas etapas no pueden ser apresuradas.

Las etapas de una relación son:

1. Curiosidad.
2. Iluminación.
3. Compromiso.

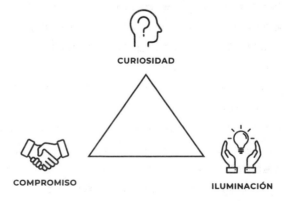

CURIOSIDAD

COMPROMISO

ILUMINACIÓN

A las personas no les interesa que las iluminen acerca de (es decir, conocerte más) a menos que tengan una curiosidad previa (tienes algo que les puede ayudar en algo), y hasta que no estén iluminadas sobre cómo puedes ayudarles, nunca se comprometerán a nada.

Cada relación en la que has estado ha pasado por estas tres etapas. Incluso las relaciones que tienes con las marcas.

EL RECORRIDO QUE SIGUE CADA CLIENTE

Recientemente comencé a explorar equipos de audio de alta gama. Betsy y yo vivimos en Nashville y debido a que muchas personas en esta ciudad están en la industria de la música, a menudo nos encontramos organizando pequeñas reuniones con artistas que están trabajando en un álbum.

Después de la quinta o sexta fiesta improvisada, me di cuenta de que el pequeño altavoz Bluetooth que teníamos en nuestra cocina no era lo suficientemente bueno.

Pasé un poco de tiempo buscando en Google y me encontré con una pequeña empresa llamada Oswalds Mill Audio que fabrica equipos de audio personalizados. Las imágenes de los altavoces y los tocadiscos eran preciosos. El tocadiscos en sí pesaba unos treinta y cinco kilos, y los altavoces parecían megáfonos sacados de un viejo estadio de fútbol. Estaban montados sobre una hermosa madera, y el chico de la imagen que sostenía el disco de vinilo llevaba un suéter genial, que es la señal de alguien que sabe mucho sobre cómo funciona un sistema de sonido. De todos modos, había algo diferente en este sistema de sonido y la forma en que se hablaba del producto en la página web lo que me hizo sentir curiosidad.

¿Pero cómo lo hicieron? ¿Y curiosidad acerca de qué?

Te diré más tarde si compré el sistema de sonido o no, pero primero, exploremos lo que debemos hacer para ayudar a un cliente a estar más interesado en una marca.

Etapa 1: Curiosidad

¿Puede esta persona, producto o servicio ayudarme a vivir mejor? La primera etapa de una relación es la curiosidad. Esta es la etapa en la que conoces a alguien y quieres saber más sobre él. En una fiesta, esta es la persona a la que esperas volver a ver en otra ocasión. Tal vez fuiste a la misma escuela o quizás estuvo unos años por delante en ti en la misma carrera.

Sin saberlo, lo que te hace sentir curiosidad por esta persona es una cosa: sientes que pueden ayudarte a prosperar y vivir mejor.

Quizás te preguntes cómo una persona puede ayudarte a vivir mejor simplemente habiendo ido a la misma escuela que tú. La verdad es que el filtro que decide qué nos va a ayudar a vivir mejor depende de muchos matices o particularidades. El filtro es un instrumento exageradamente refinado.

Esa persona que fue a la misma escuela puede hacer que no te sientas solo, que haya alguien que tiene una trayectoria de vida similar a la tuya. Tendemos a reunir personas con trayectorias similares a la nuestra por esa misma razón; nos hacen sentir que pertenecemos a una tribu.

Estar solo, por cierto, es un estado vulnerable. Los seres humanos se mueven en familias y tribus. Podemos pasar por temporadas en las que estamos solos, pero sobre todo nos gusta estar cerca de otros seres humanos.

Cuando conocemos a alguien como nosotros, nos sentimos más seguros, principalmente porque entendemos mejor a la persona. La confusión creada al tratar con un desconocido y no saber quién es nos hace sentir ligeramente amenazados, pero las similitudes rompen esas amenazas rápidamente.

Si la persona con la que estamos hablando está unos años por delante de nosotros en la misma carrera, la forma en que pueden ayudarnos a prosperar es más obvia. Pueden ayudarnos a evitar dificultades y pueden darnos a conocer algunas estrategias para que nuestra carrera avance un poco más rápido. Nada de este pensamiento está sucediendo en un nivel consciente, por supuesto, pero definitivamente está sucediendo. Una persona, producto o marca que puede ayudarnos a vivir o prosperar, activa un mecanismo de supervivencia dentro de nosotros que despierta nuestra curiosidad.

La curiosidad es un juicio instantáneo

La etapa de curiosidad de una relación consiste principalmente de juicios instantáneos. Escanear nuestro entorno es como clasificar el correo.

Colocamos todo lo que vemos como basura, o que no es relevante para nuestra supervivencia, directo en la papelera de reciclaje. Las facturas, las cartas de amigos, los catálogos en los que podríamos estar interesados, y cosas así, van a una pila para ser ordenados más tarde. En la etapa de curiosidad, en realidad solo estamos haciendo dos grandes pilas: *guardar* o *descartar*.

De esta manera funcionan los cerebros de nuestros clientes mientras escanean los tres mil anuncios de marketing con los que se encuentran cada día. La gran mayoría del material se descarta, pero hay mensajes que ocasionalmente se clasifican en la pila para guardar.

Sé que todo esto suena muy utilitario, pero es una actitud bastante normal y saludable. Cada uno de nosotros trata de vivir una historia con sentido, y no todos o todo es útil para cualquier historia que hayamos decidido vivir.

Los seres humanos recolectan recursos físicos, emocionales y sociales que le ayudan a sobrevivir en el mundo. Al igual que las ardillas en mi patio trasero recolectan nueces, nosotros recolectamos todo lo que necesitemos para mantenernos vivos en este planeta. Y eso no es malo. Somos, después de todo, primates. Y los primates son excelentes en cuanto a supervivencia.

Una persona sin filtro de curiosidad no sobreviviría en este mundo. De hecho, las personas sin filtro de curiosidad ni siquiera saldrían de su casa por la mañana. Se pasarían todo el día en la cocina preguntándose cómo funciona la tostadora. ¿Por qué? Debido a que su filtro de curiosidad no les dirá que no necesitan saber cómo funciona la tostadora y que si no se van pronto, llegarán tarde al trabajo, y si eso sigue sucediendo perderán su trabajo.

El punto es este: si no le dices a alguien cómo puedes ayudarle a vivir mejor, dejarán de lado tu mensaje, o peor aún, lo descartarán.

Cuando se trata de marketing, el encabezado de tu página web, la línea de asunto de tu correo electrónico, la declaración de apertura de tu propuesta, el título de tu generador de potenciales contactos comerciales, tu discurso de presentación, la primera línea de tu discurso de apertura, y otras mil cosas deben expresar sucintamente una de las formas en la que quieres ayudar a las personas a vivir mejor. Si no lo haces, la gente no te escuchará.

¿Cómo superar el filtro de curiosidad de una persona?

Entonces, volviendo al ejemplo ¿qué es lo que me hizo sentir curiosidad sobre ese costoso equipo de audio? Varias cosas, la mayoría de las cuales fueron comunicadas a mi subconsciente.

Lo principal que me hizo sentir curiosidad fue el estatus. Más incluso que un sistema de sonido que sonara bien, el hermoso equipo iba a hacer que mi sala de estar luciera y fuera agradable. Las personas iban a pensar mejor de mí cuando vieran ese equipo (o eso creía mi mente de primate), por lo que las imágenes en la página web estaban haciendo bien su trabajo. No solo eso, sino que el chico del suéter representaba la identidad a la que yo aspiraba. ¿Quién no querría ser diez años más joven vestido con un suéter genial escuchando un disco de Al Green, mientras su pareja te mira en el fondo? ¡Fantástico! Sé que todo suena irracional, pero muy poco de lo que nos hace curiosos es realmente racional. Las personas no compran productos, votan por candidatos o se unen a un movimiento porque piensen racionalmente. Si miras a tu alrededor, eso resulta bastante evidente.

De todos modos, el punto es este: para despertar la curiosidad de alguien, debes asociar tus productos con algo que los ayude a vivir mejor.

Tus clientes no sienten curiosidad por ti, tienen curiosidad sobre cómo puedes resolver su problema

La mayoría de las empresas cometen el enorme error de contar su historia a sus clientes, como si sus clientes estuviesen de alguna manera interesados. Los clientes no están interesados en su historia. Más bien, están interesados en ser invitados a una historia en las que ellos sobrevivan y ganen al final.

En lugar de contar tu historia, la primera etapa de tu plan de marketing debe despertar la curiosidad del cliente sobre cómo mejorar su propia historia.

La curiosidad no es suficiente

Una vez superada la fase de curiosidad en realidad todavía no estaba listo para comprar el carísimo sistema de sonido. El sistema de sonido no es una compra impulsiva. Necesitaba más información.

Sin saberlo, me estaba moviendo a la segunda etapa de las relaciones. Quería que la compañía me aclarara, exactamente, cómo su producto iba a aumentar mis posibilidades de vivir mejor.

Etapa 2: Iluminación

Este es el proceso por el cual tu cliente comienza a confiar en ti. Si la curiosidad es lo que nos hace prestar atención a una marca, la iluminación nos invita a una relación.

No estoy hablando del tipo de iluminación de «entenderás el significado del universo»: estoy hablando del tipo de iluminación que nos ayuda a entender cómo algo funciona. Una persona iluminada es alguien que entiende y una persona no iluminada es alguien que no entiende. Estás iluminado sobre cómo se movieron las placas tectónicas, o no lo estás. Y eso también se aplica a la física, la jardinería, la neurociencia o cómo hacer granizados. Con la excepción de cómo hacer los granizados, yo, por ejemplo, no estoy iluminado sobre ninguna de esas cosas.

Si deseas que los clientes den el siguiente paso en una relación con tu marca, debes informarles sobre cómo puedes resolver su problema y ayudarlos a vivir mejor.

Después de despertar la curiosidad de tus clientes en una página web, en un correo electrónico o en alguna otra forma de publicidad o presentación de ventas, la siguiente pregunta que probablemente harán es «¿pero cómo?»

Vendes un medicamento que puede curar una resaca. Pero ¿cómo funciona?

Puedes mejorar la educación sin aumentar los impuestos. ¿Pero cómo?

Puedes librar de forma segura tu jardín de plagas molestas. ¿Pero cómo?

La siguiente fase de tu marketing debería informarles sobre cómo funcionan tus productos para resolver sus problemas.

Ten en cuenta que no dije que deberías informar a tus clientes sobre cómo funciona tu producto. Eso raramente importa. Debes informar a tus clientes sobre cómo tu producto *sirve para resolver su problema*.

Nunca olvides que no estamos contando nuestra historia o incluso hablando de nuestros productos. Siempre estamos invitando a nuestros clientes a una experiencia en el que sus vidas mejoran mediante el uso de nuestros productos. Los clientes que son invitados a esta experiencia, quieren saber qué herramientas tenemos para ayudarlos a aprovechar el día y exactamente cómo esas herramientas los ayudarán a realizar cualquier tarea que les quede por delante. Si están confundidos acerca de cómo nuestros productos pueden ayudarlos a ganar, se irán sin hacer una compra.

Los clientes no caminarán hacia la niebla
Estar confundido acerca de algo es un estado de vulnerabilidad. Si conduces un automóvil en un país donde las reglas de tráfico son diferentes, tu confusión podría lastimarte. Si estás confundido acerca de qué tipo de bayas son venenosas y cuáles son comestibles, ¡podrías morir!

Un cerebro humano está diseñado para experimentar placer cuando comprende algo, y miedo o resistencia, cuando no lo hace. Este es un mecanismo básico de supervivencia y muy pocas empresas lo tienen en cuenta cuando se comunican con sus clientes. Cuando alguien está confundido, en diversos grados, se siente expuesto al peligro. Por lo tanto, las personas se alejan de situaciones en las que están confundidas y se dirigen a contextos en los que entienden la situación y sobre los que sienten que tienen el control.

Este principio es el motivo por el cual los políticos, con mensajes simples y repetitivos generalmente ganan. No es porque su plan funcione o incluso haya sido pensado, sino porque los votantes tienen una sensación de comprensión y asocian ese sentimiento de comodidad y supervivencia con ese candidato.

La respuesta a la confusión siempre es no.

Cuando iluminas a tus clientes, estás levantando la niebla y les ayudas a ver claramente cómo tu producto puede ayudarlos a resolver su problema. Si el encabezado de tu página web, las primeras palabras de tu propuesta, o incluso lo primero que dices en una nota clave tienen por objeto despertar la curiosidad, la siguiente idea que comuniques debería responder el «pero cómo».

Tu marketing debe iluminar a los compradores

Yo fundé StoryBrand, la división de marketing de Business Made Simple, usando un PDF generador de *leads* (potenciales contactos comerciales) llamado «Cinco cosas que tu sitio web debe incluir» porque mis clientes potenciales querían saber más. Les convencí de que su mensaje no era lo suficientemente claro y luego les enseñé cómo aclarar su mensaje con una aplicación específica. Ese generador de potenciales contactos comerciales fue increíblemente exitoso para mí. Fue un gran «siguiente paso» en el viaje relacional de mis clientes con mi marca.

Hay muchas maneras de iluminar a tus clientes, incluido un contenido en la parte inferior de tu página web como generador de potenciales contactos comerciales, un evento en vivo, una serie de correos electrónicos o incluso un video.

Mientras investigaba más sobre la empresa de altavoces, encontré un video en el que el fundador explicaba cómo funcionan las ondas de sonido. Resulta que las ondas de sonido ocupan el espacio físico real. Algunas ondas sonoras tienen una pulgada de ancho, y otras tienen dos o tres pulgadas de ancho. Esto significa que si tienes altavoces que no tienen las dimensiones correctas para producir las ondas de sonido físicas, esas ondas se distorsionan.

El video me iluminó. No es de extrañar que el altavoz Bluetooth barato de nuestra cocina fuera insuficiente. ¡Mi altavoz estaba aplastando las preciosas ondas de sonido!

Después de iluminarme, me di cuenta de *por qué* el sonido proveniente de estos nuevos y caros altavoces ofrecería una experiencia excelente. Y, por supuesto, ansiaba esa experiencia aún más.

Una cosa que el video podría haber hecho un poco mejor hubiera sido cómo sus altavoces ayudarían a mejorar mi vida. Unas simples líneas diciendo «por eso tus amigos no están muy impresionados con tu sistema de sonido actual, y por eso estarán realmente impresionados cuando instales el nuestro» venderían muchos más altavoces. ¿Por qué? Porque ahora los enormes altavoces no solo me ayudan a escuchar música, sino que me ayudan a relacionarme y a servir a mi tribu.

Al pensar en tus campañas de marketing, ¿estás estimulando la curiosidad de tus clientes y luego los estás iluminando sobre cómo puedes resolver sus problemas, ayudarlos a sobrevivir y mejorar sus vidas?

Más adelante en este libro te daremos instrucciones paso a paso sobre cómo hacer esto, pero por ahora, tienes que saber qué incluso estos dos primeros pasos no son suficientes. Ahora que estamos en una relación confiable con nuestros clientes, tenemos que pedirles que se comprometan.

Etapa 3: Compromiso

Es el punto en el que se le pide a tu cliente que tome una decisión arriesgada. Las dos razones principales por las que los clientes no hacen pedidos son porque:

1. La marca nunca les pidió la compra, o
2. La marca les pidió la compra demasiado pronto.

La razón por la que pedir un compromiso demasiado pronto en una relación no funciona es porque un compromiso es arriesgado y asumir riesgos va en contra de nuestros mecanismos de supervivencia.

Hacer que nuestros clientes sientan curiosidad y luego iluminarlos gradualmente, reduce la sensación de riesgo y aumenta, en gran medida, la posibilidad de que comprometan sus dólares, ganados con tanto esfuerzo, en nuestros productos.

El momento justo (timing) es lo más importante

El día que conocí a mi esposa supe que quería casarme con ella. Lo hice mucho más tarde, por supuesto. Pero la mañana que nos conocimos, todo lo que podía hacer era esperar pacientemente y dar pequeños pasos.

En esa época iba seguido a Washington D.C. colaborando en un grupo de trabajo del gobierno, y ella trabajaba en un *bed and breakfast* en el que me hospedaba. Mi único objetivo la mañana que nos conocimos fue no derramar café en mi camisa mientras nos sentábamos a la mesa del desayuno y hablábamos. Afortunadamente, sobreviví a ese desayuno y me di cuenta de que ella estaba abierta a otra conversación en el futuro.

Pero ese fue mi error. En el intercambio de correos electrónicos de un lado a otro durante el mes siguiente intenté evitar que adivinara mis intenciones. Como no la estaba invitando a salir, ella asumió que solo quería ser amigo y comenzó a salir con alguien más. Pasaron casi tres años antes de que tuviera la oportunidad de recuperarme de mi error.

Lo que debería haber dicho desde el principio era que disfrutaba hablar con ella y a continuación, cada vez que estaba en Washington, decirle que me encantaría salir con ella. Si hubiera dicho eso, podría haber comenzado antes una gran historia de amor.

Sin embargo, la razón por la que no la invité a salir fue la misma razón por la que muchos de nosotros no les pedimos a nuestros clientes que se comprometan. Tenemos un poco de miedo al rechazo y no queremos parecer agresivos.

Sin embargo, en el momento adecuado, tenemos que dar a conocer nuestras intenciones o perderemos la relación.

A menudo creemos que ser pasivo es una forma de respetar a nuestros clientes. No preguntamos por la compra porque no queremos que se molesten. Sin embargo, lo último que queremos que nuestros clientes digan es algo como «Realmente me gusta esa marca, los considero amigos, pero no les compro nada. Sin embargo, compro a su competencia todo el tiempo».

Bla, bla, bla,....

Los hombres sabios dicen que solo los tontos se apresuran, pero los hombres sabios también tienen que moverse.

Muévete lento, pero muévete

Tener un botón de «comprar ahora» en tu página web no es agresivo. Los clientes siempre quieren saber hacia dónde va la relación y tú quieres asegurarte de decirles que esta relación es una relación comercial de naturaleza transaccional. Te respetarán por ser honesto. Tener un botón de «comprar ahora» o «programar una llamada» en tu página web asegura que siempre entiendan el tipo de relación a la que les está invitando.

Las empresas que pretenden ser amigas de sus clientes para generar ventas terminan pareciendo usuarios o acechadores. Como líder empresarial, nuestro papel es ser asesores de confianza para nuestros clientes. Y a los clientes les encantan los asesores de confianza. No tenemos que tomar el lugar de sus padres o sus cónyuges. Eso es un error.

Más adelante en el libro, cuando te enseñemos a trazar una página web, te mostraremos cómo solicitar siempre la compra sin ser agresivos.

Y ser agresivo es un problema.

Cuando una relación de ventas se mueve demasiado rápido, el cliente se siente amenazado. La razón por la cual las personas se sienten amenazadas es porque hacer una compra siempre es una decisión de renunciar a valiosos recursos de supervivencia a cambio de recursos que esperan que aumenten aún más sus posibilidades de supervivencia. Si están equivocados en ese cálculo, están bajo mayor amenaza de lo que estaban antes de realizar la compra.

Es por eso que tanta gente odia cuando un vendedor de autos sale corriendo del edificio cuando nos acercamos para comprar un vehículo. Nadie quiere ser «engañado». Quieren ser invitados a un viaje en el que descubrirán un producto que les pueda ayudar a sobrevivir, y preferiblemente por un gran valor.

Esto mismo sucede con las relaciones sociales. El compromiso en una relación lleva su tiempo.

¿Por qué el compromiso lleva tiempo? Porque el compromiso es la primera etapa de una relación en la que una persona tiene que correr un riesgo calculado. El compromiso se produce cuando te juegas la piel.

Las relaciones apresuradas no son saludables

Todos recordamos cómo eran nuestras relaciones en la secundaria. Teníamos un mejor amigo una semana y uno nuevo la semana siguiente. Nos enamorábamos un mes sólo para enamorarnos de otra persona al mes siguiente. Según hemos ido creciendo, el ritmo de esas transiciones ha disminuido y se ha ido haciendo más saludable.

Si un adulto se enamora de alguien nuevo cada dos meses, la mayoría de la gente consideraría que esa persona no es saludable y no querría arriesgarse a estar con él.

Digo eso porque cuando nos apresuramos a cerrar un trato o hacer una venta demasiado pronto, al cliente le «huele raro».

Nuestros embudos de ventas deberían invitar a las personas a un viaje que nunca intente engañarlos u obligarlos a tomar una decisión de la que luego se arrepentirán. Esa es una de las claves para permanecer en el negocio durante décadas en lugar de meses.

Cuando presionamos a los clientes para que realicen una compra, terminamos con clientes frustrados, o peor, clientes tóxicos sin límite. Estos últimos tienden a colapsar nuestras líneas de atención al cliente y crean más problemas que el beneficio que supuso la venta.

Es lógico que desees cerrar la venta cuanto antes, pero si la relación se está moviendo al ritmo correcto, la venta, incluso cuando el cliente no está listo, se acabará cerrando. Estimular su curiosidad mientras se lo ilumina, permite al cliente tener aun la posibilidad de rechazar tu oferta a la vez que sigue pidiendo saber más.

La clave del marketing, y de las ventas, es invitar al cliente a un viaje al ritmo de una relación natural y saludable.

Para crear una buena relación debes mantenerte en contacto

Entonces, ¿cuál es el ritmo correcto? En mi opinión, para la mayoría de los productos, un cliente necesita experimentar unos ocho toques o puntos de contacto antes de estar listo para realizar un pedido.

Un «punto de contacto» en este contexto es un correo electrónico, una visita a tu página web, un anuncio de radio, un discurso que escuchan o cualquier otro material publicitario que les envíes.

La triste noticia es que, para que tus «toques» lleguen a un cliente ocho veces, debes enviar docenas de comunicaciones que pueden ignorar. En otras palabras, es posible que tengas que comunicarte con ellos cincuenta veces para que tu cliente se dé cuenta.

Cuanto menos costoso sea el producto, lo más probable es que impulsen la compra, lo que significa menos toques. Pero cuanto más caro sea el producto, más necesitarán saber de ti antes de arriesgarse.

Sin ninguna duda, la mejor manera de mantener una relación con un cliente es enviándole un correo electrónico. Dependiendo del tipo de campaña de correo electrónico que estés creando, continuarás provocando su curiosidad, iluminándoles aún más y llamándoles a la acción.

En la sección de correo electrónico de este libro, te ayudaremos a elaborar correos electrónicos que cumplan estos 3 requisitos. Sin embargo, tienen especial relevancia los correos electrónicos que cierran el trato.

Los clientes pueden ser invitados a un viaje que construye una relación de confianza y los invita a comprar sus productos por correo electrónico.

Debes tener una campaña de correo electrónico para cada producto que vendas. Probablemente tus vendedores deberían estar interactuando con clientes en varias etapas de una campaña de correo electrónico.

Un embudo de ventas controla el ritmo de la relación

En una relación, hablas de cosas en un cuarto o quinto encuentro de las que nunca podrías hablar en una primera cita. La intimidad y la confianza llevan tiempo.

El resto de este libro te guiará a través de la creación de un embudo de ventas que generará confianza con tus clientes de una manera natural y segura.

A medida que creas su embudo de ventas, aumentarás la curiosidad de tus clientes, los iluminarás y luego les pedirás que se comprometan. Las diferentes piezas de tu embudo de ventas lograrán estas tareas y hasta cierto punto se superpondrán, pero al final tu cliente disfrutará interactuando con tu marca porque has respetado su autonomía y espacio.

LANDING PAGE

**CAMPAÑAS CORREO
ELECTRÓNICO**

GENERADOR DE LEADS

Evalúa la fuerza de tu campaña de marketing

¿Estás estimulando la curiosidad de tus clientes con tu página web, tu señalización, las primeras páginas de tus propuestas y los argumentos de venta que emplean tus vendedores?

¿Te estás ganando la confianza de tus clientes al informarles sobre cómo pueden resolver sus problemas y ayudarlos a sobrevivir y vivir mejor?

¿Invitas a tus clientes a hacer un pedido a través de una solicitud directa y gratuita?

Una vez que hayas creado tu embudo de ventas, invitarás a tus clientes a una relación de confianza que se sienta segura, coherente y útil en sus vidas.

Las personas se enamoran de las marcas por la misma razón que se enamoran unas de otras. La marca les ayudó a vivir mejor y le proporcionó un gran retorno de su inversión social, emocional o financiera.

¿Qué pasaría si se pudiera automatizar una cantidad significativa de construcción de confianza? ¿Qué pasaría si, cuando tú o uno de tus representantes de ventas se sentara con un cliente potencial, sintiese que ese cliente ya estaba en la cuarta o quinta cita con tu marca?

¿Cuánto aumentarían tus ventas si en el momento en que interactuaras con un cliente potencial ya se hubiera despertado la curiosidad de tu cliente y tu marca los hubiera ilustrado sobre cómo podrían resolver su problema?

Los clientes también pueden enamorarse de tu marca. Simplemente invítalos a las etapas de una relación y hazlo al ritmo correcto.

La lista de verificación de *Marketing Made Simple* te mostrará el camino.

3

UNA INTRODUCCIÓN
A LA LISTA DE VERIFICACIÓN
DE MARKETING SIMPLE

Muchas compañías confunden *branding* con *marketing*, y esta confusión les está costando millones.

El *branding* afecta a cómo se siente un cliente acerca de tu marca, mientras que el *marketing* comunica una oferta específica.

El *branding* se preocupa por las fuentes, los colores y el diseño de un logo, mientras que el *marketing* reúne las palabras correctas para despertar el interés de un cliente y cerrar el trato.

La mayoría de nosotros estamos tan preocupados por la forma en que se ve y se siente nuestra marca, que descuidamos comunicar lo que los clientes realmente están buscando: una solución a su problema.

¿Te imaginas conseguir un trabajo como entrenador de fútbol americano de la NFL y pasar el 90 por ciento de tu tiempo eligiendo el nuevo logotipo del equipo, los diseños de la nueva camiseta y el *branding* para los recuerdos que el equipo entregará a los fanáticos? Mientras tanto, el equipo no ha sido entrenado en los fundamentos del juego.

No importa cuán bonitas sean las camisetas, tu equipo va a perder.

Es fácil para nosotros pensar que el *branding* es más importante que el *marketing*. Vemos la Super Bowl y nos ponemos sentimentales cuando llega el nuevo anuncio de Coca-Cola. Queremos que las personas se sientan igual de bien con nuestra empresa. De lo que no nos damos cuenta es que Coca-Cola es una marca familiar. La bebida se inventó en el siglo XIX y se comercializó brillantemente a principios del siglo XX. Se han gastado cientos de millones de dólares para decirle al mundo qué es Coca-Cola. Y no solo esto, todos la hemos probado y la hemos disfrutado. Coca-Cola tiene una familiaridad extrema con la marca, lo que significa que pueden permitirse hacer más *branding* y menos *marketing*.

Ahora imagina una compañía que ha creado un producto automotriz que le permite cambiar el aceite del automóvil solo una vez al año. Ese sería un producto bastante sorprendente. Digamos que puede conducir hasta quince mil millas entre cambios de aceite. Increíble. El problema es que nadie ha oído hablar de esta empresa. Un error de novato sería «hacer *branding*» de la empresa en lugar de «hacer *marketing*» del producto.

Un director de marketing novato puede querer usar una etiqueta como «ahorrar tiempo, ahorrar dinero», que a primera vista suena genial. Pero observa de nuevo. Para un extraño, es un lenguaje invisible. Supongamos que conduce por la calle y ve un logotipo de la empresa al azar en un cartel con palabras gigantes que dicen «ahorra tiempo, ahorra dinero». Si no supiera qué hizo el producto o qué problema resolvió, ¿eso significaría algo para usted? ¡No! La gente no detiene sus coches para sentarse en el capó y estudiar las vallas publicitarias.

Pasan junto a ellas a ciento veinte kilómetros por hora. Ese cartel debe decir «¡El aceite que solo tienes que cambiar una vez al año!»

NO SEAS INVISIBLE

La mayoría de las marcas hacen lo que yo llamo una primera impresión invisible. No es que causen una mala primera impresión, pero tampoco es una buena primera impresión. Es invisible. Una compañía de suplementos nutricionales con la que trabajamos me presentó su línea de productos diciendo que les dan a sus clientes *más vida y más satisfacción.* ¡Eso suena genial, pero lo mismo podría decirse de una iglesia, un entrenador ejecutivo, un gimnasio o una guardería! Esas palabras entran por un oído y salen por el otro y no se registra ese marketing estándar. Es una primera impresión invisible.

Considera todas las primeras impresiones invisibles que ves como consumidor todos los días. ¿Por cuántas vallas publicitarias pasas sin prestarles atención? ¿Cuántos anuncios aparecen en el fondo de tu TV o radio que estás sintonizando? Piensa en cuánto dinero se gastaron para poner esos anuncios invisibles en el mundo.

Como estimación, diría que más del 50 por ciento de toda la publicidad comete este error. Crean anuncios invisibles que nadie lee y que a nadie le importa.

EL *MARKETING MADE SIMPLE* CONSEGUIRÁ QUE LAS PERSONAS MEMORICEN TU OFERTA

Y por último, un embudo de ventas debe ayudar a tus clientes a memorizar tu oferta.

El buen marketing es un ejercicio de memorización y las marcas exitosas lo saben.

Repetir el mismo idioma de la misma manera en tu eslogan, *landing page*, correos electrónicos y cartas de ventas directas te ayuda a crear marca en la mente de sus clientes.

Sabemos que en solo quince minutos, Geico puede ayudarnos a ahorrar hasta un 15 por ciento en el seguro de automóvil. ¿Por qué sabemos esto? Porque su marketing nos llevó a través de un ejercicio de memorización que nos hizo memorizar su oferta.

Tan pronto como un cliente haya revisado su embudo de ventas, habrá memorizado los puntos fuertes que desea que memoricen. Y cuando hayan memorizado sus puntos fuertes, se acomodará en sus cerebros. Ellos sabrán por qué importas en su historia, y podrán decirles a sus amigos por qué tú también importas en la suya.

La clave para volverse viral es dar a las personas algo muy simple en lo que pensar y decir sobre tus productos o servicios.

Antes de crear tu embudo de ventas, piensa en tres o cuatro cosas que deseas que tus clientes sepan sobre tu marca.

Si comprendes el marco del StoryBrand, esto es simple. Simplemente usa las palabras de tu BrandScript (Guion de Marca) para completar tu embudo de ventas.

Si no comprendes el marco del StoryBrand, considera responder estas preguntas en tu embudo de ventas:

¿Qué problema resuelves a tus clientes?

¿Cómo será la vida de tus clientes si compran tu producto?

¿Qué consecuencias evitarán los consumidores gracias a tu producto?

¿Qué debe hacer alguien para comprar tu producto? («Haga clic en *comprar* ahora?» «Llama hoy?»)

Las respuestas a estas preguntas deben ser breves, simples y fáciles de entender. Recuerda, los clientes no tienen que confundirse.

Si eres dentista, podrías decir:

¿Podría mejorar tu sonrisa?

Tu sonrisa puede hacerte feliz.

Programa una cita hoy.

Sé que eso suena simple, pero interactuamos con miles de marcas que no les dicen a sus clientes exactamente lo que ofrecen y cómo pueden cambiar la vida de sus clientes para mejor. En la puesta en escena de tu marketing, no seas bonito, sé claro. Simplifica tu mensaje y repítelo una y otra vez usando el mismo idioma y los clientes finalmente descubrirán en qué parte de sus vidas encaja.

LA LISTA DE VERIFICACIÓN DEL *MARKETING MADE SIMPLE*

Cada embudo de ventas que crees debe superar el desorden publicitario y hablar directamente con los clientes.

Tus embudos de ventas son la base de todo tu esfuerzo de marketing. Nuevamente, una vez que se crean tus embudos de ventas, tus campañas publicitarias deben ser compatibles con esos embudos de ventas, que luego venden tu producto o servicio.

Si eres un aprendiz visual o estás buscando inspiración, empieza con esto.

Hay muchos tipos de embudos de ventas. Si se hace bien, todos funcionan. La lista de verificación *Marketing Made Simple* es una colección de las mejores prácticas que hemos aprendido, que han ayudado a más de diez mil empresas a crear campañas de marketing que funcionan.

Las herramientas prácticas que te ayudaremos a construir guiarán a los clientes a través de las tres etapas de las relaciones. Nosotros te ayudaremos a crear frases cortas que despierten la curiosidad de un cliente, plantillas de páginas web y *landing pages* que les atraigan en relación con los problemas a resolver, generadores de clientes potenciales que les iluminen en cuanto a por qué sus productos y servicios van a trabajar para ellos, campañas de correo electrónico que construyan confianza con los clientes, y correos electrónicos de ventas y llamadas a la acción que pidan un compromiso, sin que parezcas un mal vendedor.

Las cinco piezas claves de su embudo de ventas serán:

Curiosidad	Iluminación	Compromiso
Eslogan	Generador de leads	Campañas de venta por correo electrónico
Página web	Campañas de seguimiento por correo electrónico	

Los próximos capítulos te guiarán paso a paso a través de cómo crear un embudo de ventas de marketing. Es una lista de verificación en la que podrás caminar junto a nosotros y asegurarte de que tienes lo que necesitas y de que lo estás haciendo bien.

Comenzarás creando curiosidad hacia tu negocio a través de un eslogan y una página web. Luego, llevarás a tu cliente a través de la fase de iluminación creando generadores de potenciales contactos comerciales y correos electrónicos de seguimiento. Finalmente, les pedirás que se comprometan a través de una secuencia de correos electrónicos de ventas. Cada pieza que crees a partir de la lista de verificación involucrará aún más a tu cliente en una relación contigo y eso conducirá a una venta.

Para que sepas que lo estás haciendo bien, cada capítulo contiene una explicación de por qué estás creando la pieza que estás creando, una guía paso a paso para escribir el material, y luego te explicaremos cómo implementarlo.

En el capítulo sobre ejecución, incluso te ofrecemos un plan completo que incluye un calendario de reuniones y agendas para que tu equipo pueda crear una serie de embudos de ventas juntos.

LA EJECUCIÓN ES CLAVE

Recientemente contratamos a una empresa de sondeos independiente para encuestar a miles de nuestros clientes y descubrir quién ha tenido mayor éxito en clarificar su mensaje y crear un marketing que venda.

Después de que se compilaron todas las encuestas y todos los datos, ¿sabes qué marcó la mayor diferencia? No era el tamaño, el fondo, la educación o el tipo de negocio. Las empresas que mostraron el mayor crecimiento en ganancias, que tuvieron una mayor facilidad en la creación de marketing colateral y que ahorraron más tiempo y dinero en esa creación, fueron las que realmente siguieron el plan exacto por el que voy a guiaros. Lo único que tuvo un impacto estadístico en el crecimiento fue cómo lo implementaron.

En pocas palabras: cuando se preguntó a los clientes qué nivel de éxito vieron en comparación con a qué nivel implementaron la lista de verificación, hubo una sorprendente correlación entre el nivel de éxito en comparación con la implementación en todos los canales de marketing. Este patrón fue el mismo en todas las áreas individuales de marketing, así como en la implementación general. También influyó en todas las áreas con éxito. Si bien la simple implementación de una parte de la lista de verificación aún mostró resultados positivos, los niveles más altos de implementación fueron en resultados más positivos. Cuanto más a fondo se implementa la lista de verificación de *Marketing Made Simple*, más confianza tuvieron los empleados en la creación del mensaje de marketing, y más tiempo y dinero se ahorró en la creación de materiales de marketing.

Lo más importante es que cuanto más ejecutaba una empresa la lista de verificación de *Marketing Made Simple*, más dinero ganaban.

En los gráficos a continuación puedes ver claramente, que cuanto más implementes la lista de verificación a lo largo de tu comercialización, más crecimiento verá tu empresa, más confianza tendrá tu equipo en la creación de marketing y más tiempo ahorrarás.

Los datos muestran que la lista de verificación de *Marketing Made Simple* funciona y funciona para todos.

Solo tienes que ejecutarla.

Si deseas que J. J. y yo te guiemos a través de la lista de verificación de Marketing Made Simple en formato de video, visita BusinessMadeSimple.com y regístrate en nuestra plataforma *online*.

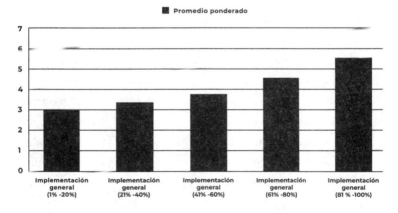

StoryBrand Messaging ha contribuido directamente al crecimiento de nuestra organización.

■ Promedio ponderado

Gráfico de la relación entre la implementación y el crecimiento.

Sigue adelante con este sencillo embudo de ventas, tanto si escoges únicamente leer este libro, como si prefieres contratar a un asesor o aprender de nuestros videos, y comprobará los resultados.

StoryBrand ha hecho que nuestro equipo tenga más confianza.

StoryBrand ha hecho que nuestro equipo tenga más confianza.

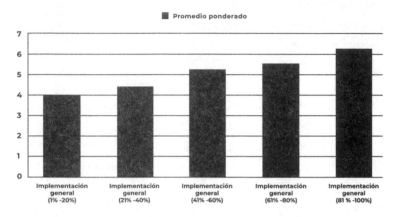

Gráfico de la relación entre la implementación y la confianza del equipo.

StoryBrand nos ha ahorrado tiempo.

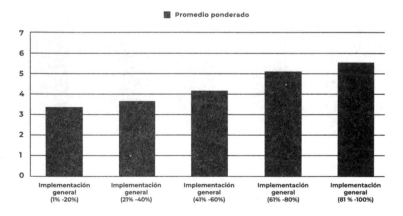

Gráfico de la relación entre la implementación y el ahorro de tiempo.

PARTE II

→

CREA TU EMBUDO DE VENTAS MARKETING MADE SIMPLE

La segunda parte de *Marketing Made Simple* es un proceso paso a paso que te guiará a través de la creación de cinco herramientas de marketing que puede usar para construir un embudo de ventas.

Una vez más, las herramientas de marketing que tendrás que crear serán:

1. Un eslogan.
2. Una *landing page*.
3. Un PDF generador de *leads* (potenciales contactos comerciales).
4. Una campaña de seguimiento por correo electrónico.
5. Una campaña de ventas por correo electrónico.

Una vez que crees estas cinco piezas de material publicitario y las pongas en juego, tu negocio comenzará a crecer.

Comprométete ahora para terminar el proceso. Si tú eres el

CEO o simplemente diriges un departamento, aprender a crear embudos de ventas y ejecutar este plan de marketing te pondrá por delante de muchos vendedores profesionales La mayoría de los profesionales de marketing creen que el marketing es un arte, no una ciencia. No estamos de acuerdo. Si bien tiene algo de arte, es en gran medida una ciencia. Una ciencia que puedes aprender.

A partir de hoy, te instituyo como vendedor a tiempo parcial. No importa cuál sea tu cargo, agrégale: «vendedor a tiempo parcial» al final, y comienza a trabajar creando, perfeccionando y ejecutando este plan.

Y no olvides divertirte.

Ahora, comencemos a crear un plan de marketing que funcione.

4

CREA TU ESLOGAN

La frase mágica que hará crecer tu negocio.

Los hechizos mágicos realmente existen.

¿Recuerdas cuando éramos niños, jugando con la varita mágica que habíamos hecho con un palo en el patio trasero? Señalábamos al gato y le pedíamos que se convirtiera en un conejo, invocando el poder del cosmos con las palabras mágicas «hocus pocus».

No sé tú, pero mi gato nunca se convirtió en un conejo. Me las arreglé para revivir un pez dorado muerto de mi hermana una tarde, después de la iglesia, cuando lo descubrimos flotando en la parte superior de la pecera. Fue toda una sorpresa. Mientras decía una pequeña oración por él y cavaba un agujero en el patio trasero con una cuchara, comenzó a moverse.

Aparte del incidente del pez dorado (que hasta el día de hoy considero una curación mágica), no he tenido éxito con la magia.

Dejé de creer en los sueños cuando, con los ojos muy abiertos y con gran concentración, no pude lograr que mi tío abriera la tapa de su ataúd en su propio funeral.

Así que dejé de creer en la magia.

Hasta.

Hasta que descubrí el poder del eslogan.

LAS PALABRAS CONSTRUYEN MUNDOS

Nuestro mundo entero está hecho de palabras. Todo lo realizado por el hombre comenzó con una persona diciendo a otra algo así como: «¿y si ponemos una pared aquí?» o «vamos a pintarlo de rojo».

Las palabras crean mundos, no solo mundos físicos sino los mundos que percibimos.

Tú y yo percibimos que algunas personas son más importantes que otras, simplemente porque alguien inventó las palabras *rey* y *reina* y atribuyó esas palabras a personas con cierto apellido.

Desde las palabras, el mundo tal como lo conocemos ha evolucionado. Las jerarquías, los mercados de vivienda, los romances y los acuerdos globales están formados por palabras.

Apropiadamente, incluso Moisés atribuyó la creación de nuestro mundo a las inspiradoras palabras de Dios.

La historia de origen más infame de todos los tiempos tiene a Dios explicándonos la existencia.

No hay martillo, ni cuchillo, ni máquina más poderosa que la palabra.

Y, sin embargo, todos los días las usamos con ligereza. No hacemos ningún esfuerzo por canalizar esas mismas palabras que podríamos estar usando para construir una vida mejor.

PALABRAS QUE ABREN CERRADURAS

Mi amigo Lanny desarrolló el pasatiempo de abrir cerraduras. Le gustan los acertijos, tanto físicos como mentales, y me explicó que empezó a abrir cerraduras como una forma de descansar la mente. En realidad, compró un conjunto de herramientas y un conjunto de cerraduras de vidrio transparentes para poder practicar viendo cómo funcionaban sus pequeñas piezas para poder abrirlas.

El pasatiempo valió la pena. Varias veces al año ayuda a alguien a subir a su coche cerrado o abre la cerradura de la puerta de su habitación de hotel porque perdió la llave. Una vez, en una pista en Haití, abrió la cerradura de un avión porque, ¡no es broma, el piloto se había encerrado en su propio avión!

La verdad es que todavía no creo en la magia, pero sí creo que decir las palabras correctas en el orden correcto puede abrir la cerradura del cerebro de una persona. Sólo necesitamos un poco de ayuda. Necesitamos herramientas y un proceso.

La herramienta más poderosa que cualquiera de nosotros puede usar para abrir mágicamente las puertas es un eslogan.

LAS PALABRAS QUE ABREN LAS PUERTAS

Un eslogan es una declaración concisa *(one-liner)* que puedes usar para explicar claramente lo que ofreces. Es la herramienta más poderosa que puedes usar para hacer que los clientes sientan curiosidad por tu marca.

Un eslogan hace que la gente durante un cóctel se *acerque en* lugar de alejarse.

La idea del eslogan es única en el marco de *Marketing Made Simple*, pero no se originó con nosotros.

Viene de Hollywood.

Cuando un guionista escribe una película, también debe escribir una descripción en una sola frase acerca del guion, que haga que los inversores quieran arriesgarse con la historia. Después de que esa historia se convierta en un largometraje, esa misma frase se usa para promover la película.

Cada vez que te desplazas por la pantalla de tu teléfono móvil para decidir qué película te gustaría ver esta noche, estás leyendo una frase, un eslogan. A menudo llamado resumen, un eslogan es una descripción de la historia que estás invitando a la gente a experimentar.

Si la frase es confusa o evasiva, les costará a los productores millones en la taquilla.

Un mal eslogan puede hundir una película, no importa cuán buena esta sea.

Al igual que algunos empresarios son mejores para crear productos que para comercializarlos, algunos guionistas son mejores para crear una película que para describir cuál es la historia o por qué es importante.

Pero para tener éxito financiero, necesitamos ser buenos en ambos.

CÓMO CREAR TU ESLOGAN

El eslogan se compone de tres partes: el problema, la solución y el resultado.

Echemos un vistazo a lo que necesitas para acertar de pleno con tu eslogan.

La estructura:

Paso 1: Problema

Cuando estés describiendo la historia a la que estás invitando a los clientes, siempre comienza con el problema. *El problema es el gancho.* Si una historia no tiene un problema, la historia nunca comienza.

He aquí un ejemplo:

> «Ayer por la mañana me desperté, fui a la cocina y encendí la cafetera. Esperé a que la cafetera terminara de preparar el café y luego vertí lo suficiente en una taza para comenzar el día. Me senté a la mesa en la cocina, tomé mi café y leí el periódico de la mañana...»

Técnicamente, es una historia. Tiene un personaje que está haciendo algo. El problema es que no es una historia muy interesante. De hecho, mientras la leías, probablemente te preguntabas cuándo comenzaría la historia.

Pero eso no es lo que realmente estabas esperando. Lo que realmente esperabas era algo que desafiara al protagonista. Cuando esperamos que comience una historia, realmente estamos esperando un problema que el héroe tiene que superar. Estamos esperando que suceda algo, difícil, aterrador o doloroso.

Un buen narrador sabe llegar rápidamente al problema, de lo contrario perderá la audiencia.

Lo mismo sucede cuando hablamos de nuestros negocios. Necesitamos llegar al problema rápidamente.

Probemos esta historia nuevamente.

> «Ayer por la mañana me desperté y fui a la cocina a encender la cafetera. Al doblar la esquina, vi varios vasos rotos en el suelo y cereales esparcidos por toda la

cocina. Luego, de la nada, ¡una ardilla cae de la lámpara sobre la isla de la cocina!»

Ahora este es un buen comienzo para una historia. Estamos interesados. La historia solo comienza cuando expones el problema.

Manifestando el problema añades valor a tus productos

Imagina que estás en un cóctel y conoces a dos personas diferentes que tienen negocios similares de *chefs* privados.

Cuando le preguntas a la primera persona qué hace, te dice que es un *chef* privado. Curiosamente preguntas cómo comenzó, para quién ha cocinado, y la conversación rápidamente se dirige a los restaurantes favoritos del *chef* en la zona. No se te ocurre que tú podrías necesitar sus servicios.

Pero luego conoces a otro *chef* privado, y cuando le preguntas qué hace, te responde:

«¿Sabes que la mayoría de las familias ya casi nunca comen juntas y cuando lo hacen, no comen tan saludable como deberían? Soy *chef* privado...»

El segundo *chef* es mucho más interesante. De hecho, mientras está hablando, comienzas a imaginar que está cocinado en tu casa para tu familia.

¿Por qué?

Debido a que comunica el problema que resuelve antes de plantear la solución (su servicio).

La otra razón por la que un eslogan comienza con un problema es porque manifestando el problema añades valor añadido al producto.

Indicar el problema es una forma de ser recordado en la mente de tu cliente.

Siempre comienza tu eslogan manifestando el problema.

¿Cuál es la respuesta obvia cuando un compañero de trabajo te dice que tiene dolor de cabeza?

- Compañero de trabajo: «Me duele la cabeza».
- Tú: «¿Quieres un Ibuprofeno?»

Raramente piensas en una marca a menos que asocies esa marca con la solución a un problema.

Si deseas ser recordado, asocia tu producto o servicio con la solución a un problema.

¿Por qué comenzar tu eslogan señalando un problema? (1) Porque el problema es el anzuelo, (2) porque el problema añade valor a tu producto o servicio, y (3) porque señalar el problema es una excelente manera de ser recordado en la mente de tu cliente.

-->

Ejercicios

Comienza indicando el problema o el punto problemático al que se enfrentan la mayoría de tus clientes.

Ejemplo de un eslogan de StoryBrand: A la mayoría de líderes empresariales les cuesta explicar qué es lo que hacen.

_____

_____

_____

_____

Otros ejemplos:

Consultorio del dentista: la mayoría de los padres se estresan cuando piensan en llevar a su hijo al dentista.

Tienda de bicicletas de Nashville: con 110 personas que se mudan a Nashville todos los días, las personas pierden cada vez más tiempo a causa del tráfico.

Agencia de marketing: la mayoría de las empresas carecen del tiempo y la experiencia para crear una página web que obtenga resultados.

Cosas a tener en cuenta

1. El mayor error que cometen las empresas al crear esta sección es no comenzar con un problema. Sé que eso suena obvio, pero sucede todo el tiempo. Asegúrate de que la primera afirmación sea un problema claro y asegúrate de que sea una molestia que las personas realmente sufren.

2. No intentes incluir todos los problemas de tu cliente en un eslogan. Nombra sólo un problema y escoge el que padece la mayoría de la gente. Este no es el espacio para hablar sobre cada uno de los problemas que resuelves, sino que es el anzuelo para que la gente sienta curiosidad. Puedes hablar sobre otros problemas en otras partes del embudo de ventas, pero en un eslogan debes hablar sobre solo de uno.

3. Asegúrate de que el problema con el que comienzas es un problema que tu empresa realmente puede resolver. Tu cliente puede estar padeciendo muchos problemas, pero si tú no puedes resolver esos problemas, no hables de ellos.

4. Piensa en qué te diferencias respecto a la competencia. Si formas parte de una industria muy concurrida, habla sobre un problema que tus rivales ocasionan con sus servicios. Usa este espacio como un lugar para diferenciarte de la competencia.

Paso 2: Solución

Ahora que has abierto el bucle de la historia al señalar un problema, tu cliente está listo para escuchar la solución. Manifestando el problema primero aumentarás el valor percibido de la solución que ofreces. Todos estamos en un negocio porque brindamos la solución a un problema. Cada producto que compras lo compras únicamente porque resuelve un problema.

La segunda afirmación en su eslogan, entonces, debería sonar como una revelación. A medida que el cliente escucha (o lee) sobre el problema, comienza a preguntarse cómo se puede resolver este problema. Una anticipación sutil crece en la mente de tus clientes y se interesan (en lugar de desconectarse) cuando les haces saber lo que ofreces.

Asegúrate de que el problema y la solución estén conectados

Al crear tus frases pretendidamente ingeniosas, muchas personas no logran conectar el problema y la solución. Dirán algo como esto:

Muchas personas se encuentran fatigadas. Nuestra fórmula vitamínica patentada fue creada por diez de los nutricionistas más reconocidos del mundo...

El hecho de que un grupo de nutricionistas creara su fórmula vitamínica no explica claramente cómo resuelve el problema de su cliente.

Sé que es tentador hablar sobre cómo tu abuelo comenzó la empresa o decir que ha ganado todo tipo de premios, pero no caigas en la trampa. En tu eslogan, simplemente deseas indicar cómo resuelves el problema del cliente.

Intentemos esto de nuevo:

Muchas personas luchan contra la fatiga a mediodía. Hemos creado una fórmula vitamínica que le proporciona energía equilibrada desde la mañana hasta la noche...

La parte sobre el nutricionista puede venir más adelante en la conversación. Pero no pierdas la oportunidad de establecer claramente el problema y la solución para que la primera impresión de tu producto o servicio se quede fijada.

Cerrar el bucle de la historia

Otro error que algunas personas cometen al desarrollar la solución al problema que solventan es que se vuelven demasiado locuaces.

No necesitas escribir una obra de teatro.

El peligro de usar demasiadas palabras es que puedes abrir demasiados bucles.

El objetivo del segundo componente del eslogan es cerrar el bucle, no abrir más.

Afirmaciones como «Nuestra tecnología GPS permite que nuestro cortacésped sin conductor sea guiado por diez satélites diferentes» va a invitar a un montón de preguntas sobre satélites y robots, a diferencia de una afirmación como «Nuestro cortacésped funciona como un Roomba, corta con seguridad tu césped sin que tengas que sudar».

No quieras parecer ingenioso o demasiado listo

El lenguaje ingenioso e irónico casi siempre es enemigo de la claridad. La claridad vende, mientras que querer ser ingenioso o irónico confunde.

A menudo, la solución puede ser simplemente el producto en sí. Estos son excelentes ejemplos:

Tenemos un nuevo medicamento para los dolores de cabeza por migraña.

Nuestros camiones funcionan con gas natural.

Las tejas que instalamos en tu tejado duran toda la vida y garantizamos que nunca habrá goteras.

Estas declaraciones simples funcionan correctamente para vender productos. Pero te sorprendería las pocas empresas que en realidad exponen sus soluciones de manera tan simple.

En cambio, escuchamos declaraciones como «Haga que las migrañas sean un recuerdo» o «Ahorro de combustible para el futuro» o «¡La lluvia debe permanecer en el exterior de su casa!»

Ninguna de esas declaraciones venderá nada.

No te permitas pensar demasiado en el componente de solución de tu eslogan. La solución es la parte más fácil. Es tu producto.

Indica claramente el producto, después el problema que resuelve, y tus clientes comenzarán a asociarte a ti y a tu producto con una solución a su problema.

Cuando establezcas la solución al problema de tu cliente, haz tres cosas:

- Conecta la solución directamente al problema.
- Cierra el ciclo del bucle.
- Evita usar un lenguaje ingenioso o irónico como sustituto de un lenguaje claro.

———————————————————————→

Ejercicio

Habla sobre tu solución al problema que acabas de plantear. Ejemplo de eslogan de StoryBrand: En StoryBrand hemos creado un esquema que ayuda a las personas a clarificar su mensaje.

_____

_____

_____

_____

Otros ejemplos:

Consultorio del dentista: en Kid's Teeth, nuestro espacio divertido y acogedor, tranquiliza a los niños.

Tienda de bicicletas Nashville: la tienda de bicicletas Nashville te equipará con una bicicleta eléctrica profesional.

Agencia de marketing: en John Doe Marketing, crearemos una página web increíble a un precio asequible.

Temas a tener en cuenta

1. Claridad y sencillez. Las empresas a menudo cometen el error de usar un lenguaje interno que es difícil de entender y que suena complicado al decirlo en voz alta. Asegúrate de que sea fácil de repetir y de forma muy clara.

2. Utiliza tu nombre en la solución. Al incluir el nombre de tu empresa en la solución, estás asociando tu marca con el problema que resuelves.

3. Asegúrate de que tu solución esté conectada al problema que acabas de plantear. El eslogan tiene que ser cohesivo.

4. No intentes explicar todo lo que haces por tu cliente en este apartado. Esta es una descripción breve y clara de qué servicio ofreces.

Paso 3: Resultado

La parte final del eslogan es la parte que todos esperan. Cada palabra, cada imagen y cada acción en una película nos conduce hacia una escena específica. A veces llamada la escena clímax, esta escena tan importante sucede al final de la película y es la escena que resuelve todo el conflicto.

Tommy Boy salva la empresa de su padre.

Rudy finalmente juega fútbol en Notre Dame.

Erin Brockovich gana el juicio.

La tercera parte de tu eslogan debe liberar toda la tensión que creaste en la primera parte.

El problema, la solución y el resultado deben conectarse

Muchas personas cuando escriben su eslogan no logran conectar el problema, la solución y el resultado.

Por ejemplo:

A muchas familias les cuesta mucho poder pasar tiempo juntos, en Acorn Family Camp resolvemos el problema de los veranos aburridos para que las familias creen recuerdos inolvidables.

Eso suena bien, pero mira, analízalo en detalle. El problema era que las familias no pasaban tiempo juntas, pero la solución se plantea en relación a los veranos aburridos. Funciona bien, y cuando conectan las tres partes funciona aún mejor.

Ejemplo:

A muchas familias les cuesta mucho poder pasar tiempo juntos, pero en Acorn Family Camp el tiempo se detiene y las familias crean conexiones que durarán toda la vida.

¿Puedes ver la diferencia? Cuando los tres componentes se conectan, la historia se resuelve y el oyente recibe esa pequeña sacudida de placer claramente

Sigue preguntando «¿Qué resultados..?» para llegar a tu solución

Cuando escribes la parte de la solución de tu eslogan, querrás llegar al resultado final que experimentará tu cliente. Y quieres que ese resultado sea tangible. Que sea algo que puedan ver o sentir.

Si es un operario que monta techos, puede sentirse tentado a decir «obtendrás un buen techo», pero si agregas la pregunta «qué resultado» al final de tu declaración, tal vez puedas llevarlo aún más lejos.

Ejemplo: Obtendrás un buen techo que dará como resultado un hogar sin preocupaciones.

Ahí tienes. Ahora sabes lo que realmente estás vendiendo. Realmente estás vendiendo una casa sin preocupaciones.

———————————————————→

Ejercicio

Explica claramente cómo se sentirá tu cliente y qué obtendrá después de que resuelvas su problema.

Ejemplo del eslogan de StoryBrand: Cuando clarificas tu mensaje, se corre la voz sobre tu empresa y tu negocio crece.

_____

_____

_____

_____

Otros ejemplos:

Consultorio del dentista: para que no tengas miedo y tus padres disfruten de tu visita al dentista.

Tienda de bicicletas de Nashville: y ahorrarás tiempo y conseguirás llegar más rápido al trabajo.

Agencia de marketing: para que puedas destacarte de la competencia y obtener más clientes potenciales que se conviertan en clientes.

Cosas a tener en cuenta

1. Asegúrate de que el éxito del que hablas esté directamente relacionado con el problema mencionado anteriormente. Esto hace que la historia sea coherente y muestre al cliente cómo mejorarás su vida después de que resuelvas su problema.

2. El éxito debe ser sobre tu cliente, no sobre tu empresa. El eslogan no debe terminar con algo como «podemos ayudarte» o «y entonces te convertirás en nuestro cliente favorito». Dile cómo será su vida después de hacer negocios contigo, no sobre lo que haces o lo bueno que eres.

3. Las comas no son tus aliadas. Es posible que tengas un montón de aspectos exitosos que te gustaría agregar aquí. Mantenlo simple y convincente. Al querer poner todas las cosas en las que tienes éxito en realidad terminas diluyendo tu marca. Enfócate en uno o dos puntos de éxito y déjalo así.

4. No prometas demasiado. Cualquier éxito que establezcas aquí debe ser algo que puedas cumplir.

Ahora, todo junto:

Ejemplo de eslogan de StoryBrand: A la mayoría de los líderes empresariales les cuesta hablar sobre lo que hacen, por lo que hemos creado un esquema de comunicación que ayuda a las personas a clarificar su mensaje. Cuando clarificas tu mensaje, comienza a correr la voz acerca de tu empresa y tu negocio crece.

_____

_____

_____

_____

Otros ejemplos

Consultorio del dentista: la mayoría de los padres se estresan cuando piensan en llevar a su hijo al dentista. En Kid's Teeth, nuestro espacio divertido y acogedor tranquiliza a los niños para que no tengan miedo y sus padres disfruten de su visita al dentista.

Tienda de bicicletas de Nashville: con 110 personas que se mudan a Nashville todos los días, las personas pierden cada vez más tiempo todos los días atascados en el tráfico. Con una bicicleta eléctrica adecuada para ti, ahorrarás horas en tu día y podrás llegar más rápido al trabajo.

Agencia de marketing: la mayoría de las empresas carecen del tiempo y la experiencia para crear una página web que obtenga resultados. En John Doe Marketing, crearemos una página web increíble a un precio asequible para que puedas destacarse de la competencia y obtener más clientes potenciales que se conviertan en clientes.

Cosas a considerar

1. Después de unir todas las partes, asegúrate de que no solo tenga sentido sino que también suene bien cuando se dice en voz alta. A veces, lo que se ve bien en el papel no se traduce igual de bien cuando se habla. Dilo en voz alta y mira cómo suena.

2. No tengas miedo de cambiar las cosas después de que todo esté unido. Debes asegurarte de tener las tres partes en este orden específico, pero no dudes en ser un poco creativo.

3. Asegúrate de que sea fácilmente repetible. Si después de unir todo es difícil de memorizar o engorroso, regresa y simplifícalo para que todos en tu equipo puedan decirlo fácilmente.

4. Verifica para asegurarte de que sea simple. Si le dices a alguien tu eslogan y tienen que preguntar «¿qué quieres decir?» sobre cualquiera de las secciones, entonces es que es demasiado complicado. Vuelve atrás y asegúrate de que cada una de las partes es lo suficientemente clara.

QUÉ HACER CON EL ESLOGAN

Los eslóganes son una de las herramientas más poderosas que damos a nuestros clientes. Hemos visto a los clientes mejorar las ventas de forma importante, simplemente creando un eslogan y aplicándolo.

Una vez que tu eslogan esté pulido, memorízalo. Haz que todo tu equipo lo memorice.

Cuando todos en tu equipo puedan repetirlo, todo tu personal se transformará en una fuerza de ventas.

Otras formas de utilizar tu eslogan

A continuación algunas formas en que puedes usar tu eslogan correctamente.

- Ponlo en el reverso de tu tarjeta de visita.
- Utilízalo en tu firma de correo electrónico.
- Imprímelo sobre tu pared en tu espacio comercial.
- Conviértelo en la primera oración del párrafo en tu sección *Quiénes somos* de tu página web.
- Úsalo para las descripciones de su perfil en las redes sociales.

Te sorprenderías de cuántas oportunidades estás perdiendo para que la voz se corra sobre lo que haces. En un avión, en un cóctel o incluso en una reunión familiar, cuando explicamos lo que hacemos con una breve historia, la gente presta atención. Podrás usar tu eslogan en su página web, en correos electrónicos, discurso clave y mini presentaciones de ascensor. Tu eslogan será el componente base de toda tu campaña de comunicación.

Ahora que has creado tu eslogan, sabes lo que ofreces a tus clientes y puedes decirlo en un lenguaje claro y repetible. Tienes la mitad de la batalla ganada.

Cuando comiences a implementarlo, comenzarás a ver un aumento en las ventas. Tu eslogan, bien situado, funcionará como un anzuelo en el agua. Comenzarás a pescar más.

Asegúrate de visitar MarketingMadeSimple.com para descargar un embudo de ventas «en blanco» gratuito que puedes imprimir. Trabaja con tu diseñador para ejecutar el embudo de ventas o visita MarketingMadeSimple.com para contratar un guía certificado de StoryBrand que pueda crear un embudo de ventas para ti.

5

UN ESQUEMA DE WEB
QUE SÍ FUNCIONA

Una vez que un cliente sienta curiosidad acerca de cómo puedes resolver su problema, es más que probable que venga a buscar más información.

Aquí es donde entra tu página web.

Una gran web puede valer cientos de miles o incluso millones de dólares. El problema es que muchas marcas fallan en su web y no saben por qué.

TODO ESTÁ EN LAS PALABRAS

La mayoría de nosotros intuitivamente sabemos que nuestra página web es importante, por lo que le pagamos a alguien para que nos la diseñe.

Inevitablemente, quien diseña nuestra web está más preocupado por los colores, las imágenes y el «aspecto» que por las palabras que usamos. Y aunque los colores, las imágenes y el aspecto están bien, las palabras son las que venden cosas.

Tu página web debe incluir palabras que vendan.

En el taller de marketing de StoryBrand, nos tomamos una hora más o menos al final del segundo día para mostrar en pantalla y comentar una serie de páginas webs de clientes. He hecho esto para miles de marcas y la mayoría de ellas están cometiendo los mismos errores.

Aquí hay un listado de errores evitables que probablemente se están cometiendo en tu página web:

- Estás utilizando demasiado lenguaje interno.
- Estás utilizando demasiadas palabras en el encabezado.
- Los botones de llamada a la acción utilizan un lenguaje pasivo.
- Los botones de llamada a la acción no se repiten en la página.
- Las imágenes no se relacionan con el producto ni respaldan las palabras que estás utilizando en la página.
- El lenguaje es ingenioso o irónico pero no claro.
- El sitio no promueve un generador de potenciales contactos comerciales.
- Estás utilizando una presentación de diapositivas para que el texto cambie demasiado rápido y frustra a los clientes potenciales.
- La página cuenta *tu* historia en lugar de invitar a los clientes a una historia.

El mayor error que cometen los clientes cuando se trata de páginas web es hacerlas demasiado complicadas.

La mayoría de las empresas necesitan una página web que tenga un único propósito: crear ventas.

Vender puede que no sea la razón principal por la que estés en el negocio, pero *es* la razón principal por la que permanecerás en el negocio.

Tu página web debe ser una máquina de ventas.

ESQUEMATIZAR UNA PÁGINA WEB QUE FUNCIONA

Lamentablemente, cuando la mayoría de las personas contratan a alguien para crear una página web, el diseñador les hace todo tipo de preguntas personales. Preguntan cuáles son sus colores favoritos, su música favorita, cómo y por qué comenzaron la compañía, y demás.

Estas son las preguntas erróneas para hacer. Este diseñador, lamentablemente, cree que lo está preparando para un banquete en el que recibirá un premio.

Tu página web no es un lugar para celebrar. Tu página web es un lugar donde le vendes a tu cliente un producto que resuelve su problema y mejora sus vidas.

Las preguntas correctas que debe formular un diseñador son:

¿Cuál es el problema que resuelves?

¿Cómo se siente tu cliente después de resolver su problema?

¿Cómo suele comprar alguien tu producto?

¿Algo inesperado sucedió en la vida de tu cliente cuando compró este producto?

COMIENZA CON UN ESQUEMA

Si un vendedor hace las preguntas correctas, puede crear una página que use palabras para mover más tus productos.

Pero no le permitamos tener todavía una maqueta cara para la web.

Comencemos con un esquema o plantilla, también llamado wireframe en inglés.

Una plantilla es una hoja de papel (o página digital) que incluye el borrador del diseño de cómo podría quedar la página web.

Después de que tu diseñador haga un boceto, debe entregar una plantilla.

La plantilla te permitirá revisar la página y tal vez incluso recibir comentarios antes de que desembolses el dinero que tanto te ha costado ganar y crear entonces una web permanente. Recuerda, las palabras en una página web venden productos. Es genial si el sitio es bonito, pero sin las palabras correctas, la página no venderá nada.

Establece las palabras correctas creando un esquema que funcione. Plásmalo todo en papel antes de diseñar la página y me lo agradecerás. Lo último que deseas hacer es crear y volver a crear una web miles de veces a través de un proceso de prueba y error.

Si hay una forma demostrada para crear páginas webs que funcionen, ¿por qué no creamos una para nosotros mismos?

CÓMO CREAR LA PLANTILLA DE UNA PÁGINA WEB

Antes de gastar miles de dólares para rediseñar tu página web, lee este capítulo y completa los ejercicios.

Cuando termines, tendrás una plantilla completa que podrás llevar a su diseñador.

No más pérdidas de dinero en páginas webs bonitas pero que no refuerzan las ventas.

Nueve secciones de una página web que funcionan

Es absolutamente posible que una página web sea una gran obra de arte y que también aumente drásticamente tus ventas. Dicho esto, muchas otras empresas gastan miles en una web que, en última instancia, es simplemente una gran obra de arte y no afecta para nada en sus ventas.

Estas personas son propietarias de las artes. También podrían imprimir una copia de su página web, enmarcarla, hacer que su responsable de marketing la firme y luego colgarla sobre su chimenea.

Si puedes crear una página web artística y bonita que además venda, será fantástico. Pero en mi opinión, la declaración de artística es la guinda del pastel. Quiero que tu página web haga crecer tu negocio.

Hay nueve secciones de una página web que hemos visto aumentar las ventas una y otra vez. Cada una de estas secciones son como anzuelos en el estanque: cuantos más incluyas, más peces pescarás.

Las secciones de una página web que te ayudaré a crear son:

- **El encabezado.** La parte superior de tu página web, en la que utilizas *muy pocas* palabras para que la gente sepa lo que ofreces.
- **La apuesta.** La sección de la página web en la que explicas de qué estás salvando a los clientes.
- **La propuesta de valor.** La sección de la página web en la que añades valor a tu producto o servicio al enumerar sus beneficios.
- **El guía.** La sección de la página web en la que te presentas como la marca o la persona que puede resolver el problema de tu cliente.
- **El plan.** La parte donde revelas el camino que debe tomar el cliente para hacer negocios contigo y resolver su problema.
- **El párrafo explicativo.** Un Guion de Marca de formato largo en el que invitas a tus clientes a una historia. Aquí también es donde mejorarás tu SEO (optimización de búsquedas).

- **El video (opcional).** Un video en el que harás hincapié de cómo es la página web de una forma más dinámica.
- **Opciones de precios (opcional):** las divisiones de tu empresa o tu lista de productos.
- **El fondo del cajón.** La parte más importante de la página web, porque es donde vas a enumerar de nuevo todo lo que ya considerabas importante.

¿Qué orden deben seguir?

A menudo me preguntan: «¿En qué orden se pondrían estas secciones?»

Con la excepción del encabezado que va en la parte superior, no hay un orden mágico. Hay un número infinito de posibilidades, y honestamente, es bastante difícil de fastidiar.

Piensa en diseñar una página web como en escribir una canción. Cada sección de la página es un acorde diferente en la guitarra. Te estoy enseñando cómo tocar los acordes. Cómo los uses, el orden que sigas y cuánto tiempo los toques, depende de ti.. Tu trabajo es tomar estos acordes y convertir tu página web en una hermosa canción.

En nuestros talleres de marketing, pasamos por un proceso similar. Al final de un par de horas, los cientos de empresarios que hay en la sala habrán configurado una web que funciona. Después de esbozar estas diferentes secciones, pueden moverlas intuitivamente para obtener el flujo correcto.

Tómate unas horas y completa cada sección de tu web. Intenta no saltarte ninguna porque te sorprenderás lo que se te puede ocurrir cuando te tomas un poco de tiempo.

Además, haz de esto un proceso de varios días. A menudo divido una página web en fases. Mi primer borrador es solo eso, un primer borrador. Luego, después de haber dormido una noche, veo más claramente cómo debo estructurar mi página.

Con esto, comencemos la parte divertida. Vamos a trazar las diferentes secciones de tu página web.

Sección 1: El encabezado

Solo tienes una oportunidad para causar una primera impresión. El encabezado es la sección superior de tu página web y la primera impresión que tiene un cliente sobre tu producto o servicio. No tiene dos oportunidades para causar una primera impresión, por lo que es importante hacerlo bien.

Según Chao Liu y sus colegas de Microsoft Research, los primeros diez segundos en los que un cliente potencial entra en la página son los más críticos, pues los usuarios tomarán la decisión de quedarse o marcharse. (https://www.nngroup.com/articles/how-long-do-users-stay-on-web-pages/).

Si tu página web sobrevive los primeros diez segundos, entonces los usuarios mirarán un poco más. Esto, por supuesto, se traduce en que estás construyendo una relación con un cliente y haciendo crecer tu negocio o perdiendo esa relación y permitiendo que tu negocio vaya en declive.

Debido a que solo tienes diez segundos (Liu también encontró que la cantidad de tiempo que tienes disminuye cada año), por lo que vamos a tener que usar palabras que despierten la curiosidad de nuestros clientes.

De nuevo, ¿qué despertará su curiosidad? Tendrán curiosidad sobre ti solo si piensan que los productos o servicios que brindas podrían ayudarlos a sobrevivir.

¿Tu encabezado pasa el test del gruñido?

Cuando entrenamos a agentes certificados en StoryBrand, repetimos una y otra vez que lo bonito e ingenioso no vende productos, sino que es la claridad.

Los redactores y responsables de marketing aficionados intentan causar una primera impresión calificándose de agradables, ingeniosos o interesantes. Si bien no hay nada de malo en serlo, si implica una disminución de claridad, perderás. Para asegurarte de que tu página web genera una excelente primera impresión y despierta la curiosidad de tus clientes, asegúrate de que tu encabezado pasa *el test del gruñido*.

¿Qué es *el test del gruñido*?

Pasar el test del gruñido asegura que tu página web habla con el mínimo común denominador sobre lo que haces bien.

Recuerda, el marketing es un ejercicio de memorización. Eso significa que tienes que hablar en un lenguaje simple y claro. Y ese idioma necesita decirle a la gente cómo puedes ayudarlos a vivir mejor.

Imagina a un hombre de las cavernas sentado en una cueva junto al fuego. Es un tipo simple, pero no estúpido. Está ocupado defendiendo a su tribu, buscando comida para su familia y cosiendo las últimas modas de piel de oso para encajar con sus compañeros.

Digamos que en nuestro universo imaginario el hombre de las cavernas podría mirar tu página web. Pero solo por diez segundos.

¿Podría ese hombre de las cavernas gruñir la respuesta a estas tres preguntas?:

1. ¿Qué ofreces?
2. ¿Cómo mejorará la vida de tu cliente?
3. ¿Qué necesita hacer para comprarlo?

Si un hombre de las cavernas puede gruñir las respuestas a estas tres preguntas, estamos bien encaminados.

No tienes acceso a un hombre de las cavernas, por supuesto. Pero sí tienes acceso a muchas otras personas inteligentes e inquietas que, debido a que constantemente filtran información, deberían responder estas tres preguntas con la misma rapidez.

Al esbozar una web, de hecho, recomendamos ir a una cafetería y pedirle a un par de personas que echen un vistazo a tu encabezado. Sé que es incómodo hablar con un extraño, pero si un par de desconocidos son capaces de decirte lo que ofreces o no, cómo mejorarías sus vidas y cómo podrían hacer para comprarlo, te hará ganar o perder millones.

Recuerda, la claridad es la clave.

Veamos un poco más de cerca cada una de las tres preguntas que te permitirán pasar el test del gruñido:

Pregunta 1: ¿Qué ofreces?

¿Qué es lo físico tangible que estás vendiendo?

Te sorprendería saber cuántas corporaciones no dicen lo que venden en la parte superior de la web. O, lo que es peor, piensan que lo están diciendo, pero en realidad están siendo evasivos.

Una asesora financiera puede decir «Un camino hacia un futuro mejor», sin darse cuenta de que podría confundirse con un gimnasio, una universidad, una iglesia o cualquier otra cosa.

No utilices el encabezado de tu página web para diferenciarte de otra persona. La claridad misma te va a diferenciar, porque te garantizo que tu competencia es confusa.

A menudo, un cliente intentará explicar lo que ofrece en un lenguaje poético y complicado. Pero lo que realmente está buscando tu cliente es una breve explicación de lo que ofreces en términos sencillos.

¿Cuál es tu producto o servicio?

- Cuidado del césped.
- Entrenamiento.
- Redacción publicitaria.
- Ropa.
- Cortes de pelo y color.

Tómate un minuto y escribe un resumen claro y conciso de lo que ofreces.

_____

_____

_____

_____

Pregunta 2: ¿Cómo mejorará la vida de tu cliente?

Una vez que hayas explicado claramente lo que ofreces, endulcemos el trato.

Si alguien compra lo que ofreces, ¿cómo mejorará sus vidas?

Aquí no tienes espacio para enumerar las mil maneras en que tu producto o servicio mejora la vida, aunque eso pueda ser cierto. Para mayor claridad y en aras de la brevedad, tendrás que elegir la forma más significativa de explicar que la vida de tu cliente va a mejorar, y la confianza de que tu elección se recordará y que será mejor que la alternativa de enumerarlas todas cuando probablemente serían olvidadas.

¿Cómo mejora la vida de tus clientes al hacer negocios contigo? ¿Tienen más dinero? ¿Más tiempo? ¿Una mayor calidad de vida? ¿Más paz? Mejores relaciones?

Posteriormente tendrás espacio para expandirte en otras áreas en las que mejorará sus vidas, pero para el propósito del encabezado, elija uno.

_____

_____

_____

_____

Recopila tus respuestas a las dos preguntas anteriores en una sola declaración como una de estas:

1. Abogados especializados en lesiones comprometidos en ayudarte a recuperar su vida.
2. Los grandes gerentes no nacen, sino que se forman: mira cómo lo hacemos.
3. Transforma tu salud, recupera tu vida: un camino sin medicamentos para todos tus problemas de salud no resueltos.
4. Sorprenda y deleita a tus invitados con postres artesanales.

Tu declaración a continuación:

_____

_____

_____

_____

Pregunta 3: ¿Qué necesitan hacer para comprarlo?

Te sorprendería saber cuántas personas no tienen un «comprar ahora» en ninguna parte de su página web.

Puedes darte cuenta de que han pasado días, meses, semanas, incluso años trabajando para hacer una web funcional y hermosa y que se aseguran que los representan bien.

Y luego envían a sus clientes lejos sin siquiera pedirles que compren nada.

Los botones «comprar ahora», «llámanos» o «añadir al carro» son las cajas registradoras de tu tienda online. Algunos líderes empresariales no quieren parecer agresivos. Entiendo el sentimiento. Lo último que quiero hacer es forzar a mis clientes a que me compren. Dicho esto, no tener una llamada a la acción clara es el equivalente a decirles a los clientes que realmente no crees en tu producto y que no crees que ese producto pueda resolver sus problemas y cambiar sus vidas.

Imagínate caminando por una tienda de ropa y escogiendo varios artículos que te gustaría comprar. Sin embargo, cuando caminas hacia la caja de la tienda para comprar los artículos, no encuentras a una persona detrás de la misma. Caminas por la tienda preguntándote dónde puedes pagar los artículos antes de detenerte finalmente para hablar con algún empleado.

«Odiamos molestar a las personas con todo ese sin sentido corporativo. Somos mucho más que vender ropa».

«Correcto, pero quiero comprar estas cosas. ¿Cómo las compro?

«Oh, eso es fácil. Hay una persona que tomará tu dinero en el segundo puesto del baño de señoras. Como dije, no queremos parecer demasiado corporativos».

Esta interacción sería absurda, por supuesto. Y, sin embargo, muchas empresas online tratan a sus clientes exactamente de esta manera. Al final, no ser claro y directo en tus llamadas a la acción resulta ser pasivo o egocéntrico.

Lo que el cliente realmente necesita es una caja registradora clara para que sepa a dónde ir cuando decida hacer una compra.

Si un usuario llega a tu página y desea comprar tu producto o servicio, ¿cuál es el siguiente paso que deseas que tome?

¿Pueden comprar su producto ahora? ¿Necesitan ser agregados a una lista de espera? ¿Necesitan concertar una cita? ¿Deberían llamar? ¿Registrarse? ¿Darse de alta? ¿Donar?

No seas pasivo-agresivo

Llamadas a la acción como «Obtén más información», «Infórmate sobre nosotros», «¿Quieres saber más?» o «Nuestro proceso» son débiles y confusas.

Qué es lo que realmente necesita un cliente para aceptar o rechazar. Hasta ahora, están confundidos sobre lo que quieres que hagan o hacia dónde quieres que vaya esta relación.

A menudo usamos un lenguaje pasivo como «aprender más» o «comenzar» porque no queremos presionar a las personas. Utilizamos este enfoque porque las relaciones con nuestros clientes son importantes para nosotros y queremos asegurarnos de posicionarnos como amigos.

Ser amigo de tus clientes es una gran idea, pero no lo olvides, esta es una relación comercial y las relaciones comerciales son, por naturaleza, transaccionales. Y no hay nada de malo en una relación comercial transaccional.

Realmente deseas ser amable y respetuoso con sus clientes e incluso amigable, pero al final, tratar de ser su amigo mientras intentas pasivamente que te compren es un poco extraño.

Haz conocer tus intenciones lo antes posible y frecuentemente. Usa una fuerte llamada a la acción.

A continuación, enumera cómo puedo comprar tu producto. ¿Qué va a decir tu botón de llamada a la acción?

¿A dónde dirige tu botón de llamada a la acción en la web?

Cuando los visitantes llegan a tu escritorio de la web, sus ojos leen tu página en un patrón Z o un patrón F. Diferentes estudios han revelado diferentes patrones, pero independientemente, los ojos de los visitantes no se mueven al azar a través de la página.

Enseñamos a nuestros especialistas en marketing a colocar textos importantes y llamadas importantes a la acción a lo largo del camino que recorre el ojo humano cuando mira un sitio web. Es decir, sus ojos se dirigen primero a la esquina superior izquierda de la web, luego escanean hacia la esquina superior derecha, seguidamente hacia abajo y cruzan la mitad de la página hacia la esquina inferior izquierda y después hacia la esquina inferior derecha.

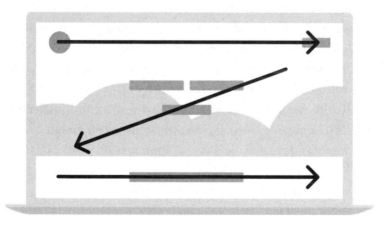

Hay dos lugares que recomendamos para emplazar las llamadas a la acción de forma directa y transitoria. El primero está en la parte superior derecha de la página, que es, con mucha diferencia, el lugar más valioso de tu título y subtítulo.

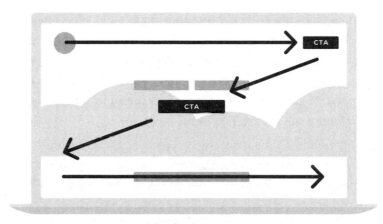

Al repetir la llamada a la acción dos veces, incluso en el encabezado, le informará a tu cliente que estás:

1. Interesado en establecer una relación comercial y
2. Te gustaría resolver su problema vendiéndole un servicio o producto.

Muchas personas que leen este libro aumentarán drásticamente sus ventas al deshacerse del lenguaje pasivo en su página web y reemplazarlo con llamadas directas a la acción.

Elige tus imágenes cuidadosamente

Deberás elegir las imágenes a incluir con esmero.

Pocas imágenes funcionan mejor que las personas felices y sonrientes que disfrutan de tus productos. Si se te antoja difícil esa selección, te sugerimos que escojas imágenes de personas felices.

Evita crear una presentación de diapositivas en tu encabezado en la que los diferentes textos e imágenes cambien continuamente. Los clientes rara vez tienen tiempo de leer un mensaje antes de que sea cambiado a otro, y después de unos tres de estos pases, tienden a olvidar todos ellos.

Las imágenes en bucle (película muda) son excelentes en una web, pero asegúrate de que el texto que flota sobre esas imágenes sea fijo. El *branding* consiste en repetir mensajes sencillos y relevantes una y otra vez hasta que tus clientes los memoricen. El texto deslizante, entonces, perjudica en lugar de contribuir a tu esfuerzo de marca.

Construyamos tu encabezado

Vamos a juntar los tres componentes del test del gruñido y construir el encabezado en tu nueva página web.

Escribe el titular de tu encabezado, más un subtítulo si lo necesitas, y escribe la llamada directa a la acción en los cuadros vacíos a continuación.

Entre paréntesis, describe qué imagen (o película en bucle) te gustaría usar para tu encabezado. Si construyes parques infantiles, muestra a los niños que disfrutan jugando en tu equipo. Si horneas pasteles, muestra algunos de esos hermosos pasteles decorados y clientes felices que los recogen y los miran maravillados. No te preocupes por tomar fotografías ahora. Lo harás más tarde. En este momento, decide qué tipo de imágenes venderían mejor tu producto o servicio y describe esas imágenes en el encabezado.

A continuación, enumera tus llamadas a la acción. Tu página web real puede incluir llamadas a la acción directas y de transición (cubriremos las llamadas a la acción transitorias en el próximo capítulo), pero por ahora, considera esto como una simple muestra de encabezado.

Ahora es tu turno. Completa el cuadro a continuación.

Verifica tu trabajo.

Imagínate caminando hacia la cafetería local con el encabezado que acabas de plantear. Toca el hombro de la primera persona que veas, muéstrale el boceto y dale diez segundos para mirar la página y que te indique si pueden adivinar qué es lo que ofreces, cómo mejoraría sus vidas y qué necesitaría hacer para comprarlo.

Si lo consigues, tu encabezado habrá pasado el test del gruñido.

Si creas el encabezado de tu página web correctamente, ya has hecho el 50 por ciento de la web. Sí, tienes muchas otras secciones para crear, pero así de importante es tu encabezado. Es hasta incluso el 50 por ciento responsable de si un cliente pasa más tiempo en tu web y si finalmente realiza una compra.

Mañana por la mañana, regresa a tu encabezado. Pule el texto y las imágenes. Sondea a un grupo de amigos y tal vez incluso pide un feedback a un extraño o dos.

Cuando obtienes el encabezado correcto, ¡tu negocio no tiene más remedio que crecer!

De aquí en adelante, el orden de las secciones de tu página web importa un poco menos. Si la estructuras en el orden exacto en que presentamos estas secciones, lo harás bien, pero no es necesario.

Dicho esto, realmente me encanta hacer que la segunda sección de la página web ilustre lo que está en juego. Mostrar lo que se puede ganar o perder dependiendo de si hago negocios contigo es una excelente manera de añadir algo de drama a la historia que estás invitando a los clientes a vivir.

Visita MarketingMadeSimple.com para descargar un embudo de ventas «en blanco» gratuito que puedes crear en papel. Trabaja con tu diseñador para ejecutar tu embudo de ventas o visita Marketing-MadeSimple.com para contratar un agente de Story Brand certificado que pueda crear un embudo de ventas para ti.

Sección 2: Lo que está en juego

Esta es la sección Fracaso. Las historias aman la tensión. Una historia sin nada en juego no es una historia en absoluto. Por ejemplo, déjame contarte una historia y tratarás de descubrir cómo podemos mejorarla un poco:

> Un joven se despierta en su apartamento de Venice Beach, abre las ventanas y respira el aire fresco del océano. Prepara una taza de café y se sienta a leer el periódico de la mañana. Pero justo cuando abre el periódico, su mejor amigo llama y le dice que él y otro grupo de amigos están jugando voleibol en la playa.
>
> Al joven le encanta jugar al voleibol de playa, así que dobla su papel y se dirige a la playa. Juegan varios juegos de voleibol, cada uno de los cuales termina en un empate cuando uno de los muchachos dice que tiene mucha hambre. El joven les hace saber que hay un nuevo local de tacos al otro lado de la calle y les sugiere probarlo. Caminan hacia el local de tacos y, sorprendentemente, los tacos son gratis: compra uno y llévate otro gratis, así que, juntos, devoran varios de ellos...

Bueno, técnicamente, esta es la historia. Es la historia sobre un chico que quiere jugar al voleibol y luego quiere comer tacos.

El problema es que no es una historia muy interesante. De hecho, mientras leías esta historia seguro te preguntabas «¿cuándo comenzará la trama?»

Una historia que tarda en comenzar siempre tendrá el mismo problema: ¡no hay conflicto!

Una historia comienza y engancha al lector en el segundo en que el personaje experimenta un conflicto.

De hecho, la mayoría de las historias comienzan con un personaje que quiere algo seguido de una escena en la que se coloca un enorme desafío entre dónde está el personaje y lo que el personaje quiere. Es el cruce de esa distancia lo que hace que la historia funcione.

Si nuestro héroe en la historia anterior caminara hacia la playa a jugar un partido de voleibol y experimentara un terrible terremoto en el que la playa se abriera y se tragara al otro equipo, ¡tendríamos una historia!

Si una escena positiva seguida de una escena negativa es cómo funcionan las películas cautivadoras, ¿por qué no seguir la misma fórmula en nuestra web?

La primera sección de la página web le dijo a nuestros clientes cómo sería su vida si compraran nuestro producto o servicio. Hagamos que la segunda sección de nuestra web hable sobre el sufrimiento actual que sufren nuestros clientes porque aún no han comprado nuestros productos.

¿Cuál es el coste de no hacer negocios contigo?

¿Qué le está constando a tus clientes no hacer negocios contigo?

Cuando ayudes a tus clientes a comprender cuánto les cuesta vivir sin tus productos, el valor percibido de esos productos aumenta.

Hace años, cuando comencé StoryBrand, le pedí a un consultor externo que revisara nuestra página web y ofreciera críticas constructivas. El consultor que había elegido había asistido a nuestros talleres y estaba familiarizado con nuestro marco de mensajes. Sin embargo, después de mirar nuestra página, dijo que no estábamos siguiendo nuestros propios consejos.

—¿Qué quieres decir? —pregunté.

—Tú hablas de lo importante que es incluir lo que está en juego, para demostrar el coste de *no* hacer negocios contigo, pero no hay una sola mención en el sitio de que es lo que te estás jugando.

Luego me envió un párrafo y me dijo que lo colocara directamente sobre la sección de la página web donde informamos a la gente cuánto cuesta el taller.

«¿Cuánto te cuesta cada día un mensaje confuso? ¿Cuántos clientes están saliendo de tu sitio web? ¿Cuántas personas ignoran tu marca? ¿Cuántos clientes estás perdiendo ante la competencia?

TALLER EN VIVO

¿Cuál es mi Inversión?

¿Cuánto te cuestan los **mensajes poco claros**? ¿Cuántos clientes **no pueden escuchar tu oferta** en un mar de ruido? ¿Cuántos de tus eventos están **medio vacíos** porque la gente no sabe que debería asistir? ¿Cuántas personas están **pasando de largo de tu consultoría**? ¿Pueden los clientes potenciales entender por qué necesitan tu producto o servicio? La falta de claridad te puede estar **costando mucho**.

Le pedí a nuestra diseñadora que incluyera el nuevo párrafo, pero no me sentí bien al respecto. Le dije a mi esposa esa noche que no sonaba como nuestra voz. No forzamos a los clientes a hacer negocios con nosotros. No es lo que somos.

Betsy, mi esposa, dijo que si me molestaba tanto, debería pedirle a nuestro diseñador que eliminara el párrafo al día siguiente.

Entré en la oficina de nuestra diseñadora al día siguiente y le pregunté su opinión sobre el párrafo. Ella entendió cómo me sentía. No se sentía como nuestra voz.

«Sin embargo», dijo con una sonrisa. «¡Recibimos cinco pedidos nuevos anoche!»

Ese párrafo todavía está en nuestra página después de todos estos años.

¿Por qué? Porque la historia es una guía confiable. Y si no hay cosas en juego en una historia, no hay historia.

En nuestros talleres, enseño que en una historia siempre debe de haber dolor y conflicto, y sin embargo, cuando hablamos de cosas dolorosas en nuestro marketing, puede parecer un poco pesado. Pero no te dejes engañar para contar una historia aburrida. Lo que está en juego es importante, si tú no le dices a la gente qué dolor estás ayudando a evitar, los adormecerás en lugar de estimularlos para realizar un pedido.

¿Qué dolor estás ayudando a los clientes a evitar? ¿Con qué dolor están lidiando actualmente que terminaría si compran tus productos o servicios?

Algunos ejemplos son:

- Más tiempo perdido.
- Oportunidades perdidas.
- Pérdida de negocios.
- Vergüenza.
- Pérdida de sueño.
- Frustración.
- Aumento de peso.
- Confusión.
- Aislamiento.
- Falta de acceso.
- Falta de orientación.
- Pérdida de estatus.
- No alcanzar el potencial.
- Perder la competición.

Cuando se trata de comunicar lo que está en juego, menos es más

En lugar de hablar sobre el éxito potencial de nuestros clientes, solemos tender a exagerar la negatividad en la historia a la que estamos invitando a los clientes. Definitivamente queremos incluir experiencias negativas en nuestra web, pero no te excedas. Cuando nos ponemos demasiado negativos, nuestros clientes se desconectan. El cerebro solo está dispuesto a ir tan lejos si antes decide que prefiere vivir en un mundo feliz, incluso si ese mundo es una construcción ficticia.

Me gusta mirar los componentes de un mensaje claro como ingredientes en un pastel. Para hacer un pastel, que necesita tazas y tazas de harina (éxito), pero sólo una cucharada de sal (negatividad). Si usas demasiada sal, arruinas el pastel, pero si no la utilizas, todo sabe insípido.

La cantante Sarah McLachlan solía aparecer en televisión de vez en cuando como portavoz de la ASPCA. Con su dulce y suave voz, hablaba sobre la difícil situación de los perros abandonados mientras las imágenes de estos adorables pero tristes animales se deslizaban por la pantalla.

Cuando se trata de perros, soy tan sensible como ellos, pero ni siquiera yo podría enfrentarme a ese anuncio. Siempre cambiaba el canal lo más rápido posible. Mi esposa y yo donamos a nuestro refugio de perros local y hemos rescatado a un perro nosotros mismos, ¡pero tener que enfrentarnos a esos ojos tristes era demasiado!

Mi conjetura es que el anuncio fue bastante bueno para ASPCA, pero también creo que si hubieran mostrado perros felices en un hogar con una sola imagen de perros tristes que han sido maltratados, hubiera sido mucho mejor. Después de todo, el propósito de los componentes negativos en una historia es contrastar con el final feliz que todos queremos experimentar.

¿Qué estás ayudando a los clientes a superar o evitar?

Sin excederse o exagerar lo que está en juego, ¿qué tipo de problemas estás ayudando a los clientes a superar o evitar? Ejemplos:

1. No más noches de insomnio, moviéndote y girándote sobre el colchón sin solución.
2. La mayoría de las personas no se dan cuenta de cuánto tiempo pierden en su bandeja de entrada de correo electrónico todos los días. Tenemos una solución.
3. Siempre nos encontramos con personas que están desperdiciando su dinero porque no saben cómo invertirlo.
4. ¿Estás cansado de pagar dinero por marketing que no obtiene resultados?

Hay muchas maneras de ilustrar la sección de lo que está en juego en tu página web. Puedes incluir algunas oraciones que describan el dolor que ayudas a los clientes a evitar, puedes incluir un testimonio en el que un cliente explica cómo le ayudaste a superar un desafío, o simplemente puedes enumerar los problemas que resuelves con viñetas.

Aquí hay algunos ejemplos de cuestiones que pueden aparecer en una página web:

Criar a un hablante tardío es difícil.

Cuando tu hijo «ya debería estar hablando», es fácil sentirse frustrado y abrumado— y sentirse culpable por esas emociones. Empiezas a preguntarte si has hecho algo mal cómo padre.

¿Podemos calmar tu mente un poco? La verdad, es que es realmente frustrante y abrumador tratar de criar a un niño que habla tarde. Además, es completamente normal preocuparte por el desarrollo de tu hijo. Tú no eres un mal padre. **Y no estás solo.**

Solo necesitas las herramientas adecuadas para ser un padre seguro de un niño

Tenemos las herramientas que necesitas. Como patólogos certificados del habla y del lenguaje, nuestro equipo ha trabajado con miles de padres como vosotros, padres que solo quieren ayudar a sus hijos a hablar, pero que nada les funciona. Nuestro curso online te enseña sencillos secretos del habla para que puedas ayudar a tu hijo a comunicarse.

COMPRAR AHORA ($99)   SABER MÁS

Te han frustrado los agente inmobiliarios que:

- ✅ ¿No se comunican contigo?
- ✅ ¿Hacen grandes promesas que no cumplen?
- ✅ ¿Te cuestan tiempo y dinero con ofertas que fracasan?

- ✅ ¿No conocen el área o a los compradores locales?
- ✅ ¿Piensan "Está publicado" =marketing efectivo?
- ✅ ¿No tienen prisa por vender tu propiedad?

En MANSARD comercializaremos su propiedad como si fuera la nuestra.

¿Qué dolor o problemas estás ayudando a evitar a tus clientes? Enumera los puntos débiles y los retos que resolverías en la siguiente sección:

_____

_____

_____

_____

Una vez más, puedes ser creativo en la forma en que ilustrarías lo que está en juego en tu página web. ¿Es una lista de verificación, una oración, una serie de preguntas, viñetas? Tómate un momento y dibuja cómo podría verse esta sección.

Sección 3: La propuesta de valor

¿Cómo sería la vida de tus clientes si compraran tu producto o servicio? Como dije antes, de aquí en adelante puedes poner las secciones de tu página web en el orden que desees. Pero una razón por la que me gusta poner la propuesta de valor en tercer lugar es porque sigue el flujo positivo y negativo que a menudo vemos en las historias.

Las historias adoran mostrar contrastes. Un personaje será contundente y desagradable, y el personaje que esté junto a ella será amable y gentil. Una escena será visualmente oscura y melancólica, y la siguiente será brillante y despreocupada.

Sin embargo, notarás el mayor contraste en los movimientos positivos y negativos del guion. Cada historia tiene una escena obligatoria o culminante hacia la que se dirige la narración. En esta escena, que generalmente ocurre varios minutos antes del final de la película, todo el conflicto se resuelve.

Una buena historia ama el contraste

Si deconstruimos el guion hacia atrás desde la escena climática, notaremos que en una escena el héroe se acerca a una escena climática positiva (el chico que gana el corazón de la chica, por ejemplo) y en la siguiente, él experimenta un revés (la chica coquetea con el hermano del chico).

Este es el contraste que mantiene al público alerta y prestando atención. Es como si la historia funcionara así:

Escena uno (+): Nuestro héroe realmente quiere algo.

Escena dos (−): Pero la oportunidad de obtener ese algo se ha perdido.

Escena tres (+): surge una oportunidad que podría ayudar al héroe a obtener lo que quiere.

Escena cuatro (–): Pero esa oportunidad se esfuma.

Debido a que estas escenas de contrastes han funcionado durante siglos para cautivar a la mente humana, utilicémoslas para cautivar a las personas que navegan por nuestra página web. Una vez más, el simple uso de contraste (mensajes positivos y negativos) en nuestra página web será suficiente, pero escribir directamente las primeras tres secciones para que pasen de positivo a negativo a positivo le dará a tu mensaje un flujo familiar y atractivo.

¿Qué valor recibirá tu cliente si hace negocios contigo?

La inclusión de una sección de valor no solo contribuirá al contraste al que estás invitando a los clientes, sino que también agregarás un valor añadido a tus productos y servicios.

Por ejemplo, si le estás vendiendo a tu cliente un paquete de mantenimiento cuando compra un sistema de Aire acondicionado para su hogar, aumentarías el valor añadido de ese paquete de mantenimiento si mencionaras algunos beneficios:

- Nunca te preocupes por la falla de tu aire acondicionado.
- Nunca más tendrás que programar el mantenimiento.
- Respira un aire más limpio sin tener que cambiar los filtros.

Donde algunas compañías simplemente mencionarían que tienen un paquete de mantenimiento, esta compañía está «agregando un valor añadido» a ese paquete al enumerar otros beneficios que el paquete le brinda.

Si el paquete de mantenimiento cuesta $ 200 por año, y percibo que ese paquete tiene un precio exacto y realmente vale alrededor de $ 200, entonces decir que nunca tengo que preocuparme de que se rompa aumenta el valor añadido a, digamos, $ 300. Y nunca tener que programar el mantenimiento aumenta el valor añadido a $ 350. No solo eso, sino que respirar aire limpio todo el año es algo por lo que pagaría una prima y eso eleva el valor añadido a algo así como $ 500. Es mucho más probable que los clientes compren un artículo de $ 500 si pueden obtenerlo por solo $ 200.

Al usar palabras, simplemente aumentamos el valor añadido de nuestros productos y le damos a nuestros clientes un trato mucho mejor.

¿Cuánto le costaría en gastos generales y suministro para aumentar el valor de sus productos en más del 100 por ciento? Tendría que agregar muchos artilugios y servicios para hacer eso, ¿verdad?

Acabamos de aumentar el valor de nuestro producto en más del 100 por ciento simplemente usando palabras.

Y las palabras son gratis.

Dile a tu cliente todo lo que obtiene

Para algunos clientes, la pregunta final es ¿Qué obtengo a cambio de mi dinero que tanto esfuerzo me ha costado ganar?

En esta sección de la página web, les dirás.

- ¿Pueden ahorrar dinero?
- ¿Pueden ahorrar tiempo?
- ¿Reducirán el riesgo?
- ¿Están obteniendo calidad?
- ¿Esto los ayudará a simplificar la vida o evitar problemas?

Si es así, esta sección de la página web debe detallar el valor añadido.

Sé específico. Sé visual

El error más grande que cometen las personas cuando se trata de escribir su propuesta de valor es que no son lo suficientemente específicas.

Si tu producto ayudará a ahorrarle tiempo o dinero a tu cliente, quieres decirlo. Evitar el lenguaje evasivo como «satisfactorio» o «satisfecho» y en lugar de eso utiliza un lenguaje específico como «ahorrarás tiempo este verano» o «tu césped hará que tus vecinos sientan envidia.»

También ayuda a ser visual. Por supuesto, las imágenes reales que uses en esta sección ayudarán, pero también podemos usar un lenguaje que ayude a las personas a «ver, oler y saborear» la vida que pueden experimentar.

«Al volver a casa te encontrarás con una casa limpia y refrescante, tanto que te hará sentir que el mismo personal de la reina hubiera estado allí». O «¡Llevarás el esmoquin con el que te casaste en unas pocas semanas!»

¿Puedes ver cómo este tipo de lenguaje es más motivador que «Tu casa estará limpia» o «Perderás peso»?

Aquí hay algunos ejemplos de cómo otras compañías han ilustrado el valor que ofrecen a los clientes:

En la sección que aparece a continuación, enumera el valor que tus productos o servicios pueden ofrecer a un cliente:

1. _____

2. _____

3. _____

4. _____

5. _____

6. _____

7. _____

8. _____

Incluye un titular

¿Hay un tema común entre todos estos problemas? ¿Hay un encabezado deslumbrante que puedas usar para encapsular tus mensajes?

Recuerda incluir siempre un titular encima de cada sección. Una sección de página web sin titular es como un artículo de periódico sin titular. La gente lo pasará.

Aquí hay algunos titulares de ejemplo que funcionan muy bien:

«Nuestros clientes ya no luchan con...»

«Ya no tienes que confundirte».

«¡Las apuestas son altas!»

«Actúa ahora y evita las molestias».

«Nos da pena cuando vemos que las personas luchan con...»

Con un encabezado y una lista de problemas que ayudes a resolver, demostrará tanto tu comprensión del problema de tus clientes como tu deseo compasivo de ayudarlos a encontrar una solución.

Ahora, esboza cómo se vería esta sección de tu página web a continuación.

Sección 4: El Guía

Ayuda a tu cliente a ganar a toda costa. En StoryBrand certificamos a los agentes de marketing existentes tanto en nuestro esquema de mensajería como en nuestra lista de verificación Marketing Made Simple. Al final de tu entrenamiento, nuestros guías de StoryBrand hacen un juramento. Uno de los acuerdos de ese juramento es que se «obsesionarán con el éxito de sus clientes». Con esto queremos decir que no solo intentarán obtener dinero de sus clientes, sino que proporcionarán un increíble retorno de su inversión.

El día que dejes de perder el sueño por tu propio éxito y comiences a perder el sueño por el éxito de tus clientes es el día en que tu negocio comenzará a crecer nuevamente.

Cada héroe necesita un guía, y en esta cuarta sección del esquema de la página web, vamos a posicionarnos como un guía.

Nuevamente, estas secciones pueden ir en cualquier orden. Ahora que has establecido las primeras tres secciones como un movimiento positivo, negativo y luego positivo en la historia, es probable que tus clientes estén enganchados. No solo están enganchados con la historia a la que los estás invitando, sino que, como has ilustrado lo que está en juego, necesitan ayuda desesperadamente.

Un guía es empático y autoritario

Todos los buenos guías en una historia exhiben dos características cruciales. Entienden los desafíos que están experimentando sus clientes y han podido resolver esos desafíos para otras personas.

En StoryBrand llamamos a esto empatía y autoridad.

Para posicionarte como el guía que necesita tu cliente, necesitas expresar empatía y demostrar autoridad.

Cuando demostramos empatía y autoridad, nuestro cliente reconoce instantáneamente que somos la persona que puede ayudarlos a asegurar el éxito.

El uno-dos de empatía y autoridad

Juntos, la empatía y la autoridad son un poderoso golpe unidos. Imagina que vas a un entrenador y le dice que estás interesado en perder veinte libras, tonificar algunos músculos y seguir un plan de alimentación saludable. Tal vez incluso le expliques al entrenador algunos de los problemas que has tenido que enfrentar con tu dieta y plan de pérdida de peso, específicamente que anhelas el helado a altas horas de la noche y que te resulta difícil mantenerte motivado para hacer cualquier tipo de ejercicio cardiovascular.

Ahora imagina dos respuestas potenciales diferentes del entrenador...

1. **En el primer escenario,** el entrenador le dice: «Siento tu dolor. Odio hacer cardio también y probablemente podría perder diez libras también. Ahora que lo pienso, también me encanta el helado. Tal vez deberíamos tomar uno juntos. Hay un sitio estupendo justo al final de la calle. ¿Qué posibilidades hay de que le pagues *dinero a este entrenador?*
2. **En el segundo escenario,** el entrenador se quita la camiseta y te muestra cómo puede mover sus abdominales. Él te dice que no comas basura como el helado y se lanza a explicar cómo las últimas investigaciones demuestran que una dieta de kale y col es realmente un buen camino a seguir, por lo que solo tendrás que asumirlo y dejar esa tentación fuera de tu mente. *De nuevo, ¿qué tan probable sería que le pagaras dinero a este entrenador?*

La empatía sin autoridad se desmorona, al igual que la autoridad sin empatía.

Pero es el guía quien puede empatizar con tu dolor al mismo tiempo que demuestra una competencia para sacarnos de lo que confiamos a última instancia. Si el mismo entrenador te hubiera dicho: «Entiendo totalmente los antojos de helado. De hecho, solía luchar realmente con eso también antes de aprender lo que sé ahora sobre la regulación del azúcar en la sangre. Te puedo enseñar un plan que he utilizado para ayudar a cientos de personas como tú a ponerse en forma y sentirse realmente bien con sus cuerpos sin perder todas las cosas que les gustan de su vida, incluido el helado. Y el cardio no es malo. Una sesión de veinte minutos. Puedes hacerlo.»

Ese es el entrenador que quieres contratar.

En esta sección de tu página web, expresarás claramente tu empatía y demostrarás autoridad (o competencia). Aquí hay un par de formas de comunicar autoridad en tu página web:

- **Testimonios.** Todos los testimonios no se crean por igual; a continuación discutiremos los testimonios.
- **Logotipos de empresas con las que has trabajado.** Esto funciona especialmente bien para B2B.
- **Una estadística simple.** Habla sobre cuántas personas has ayudado, cuántos años has estado en el negocio o cuántos clientes han trabajado con usted.

Ejemplos:

- Por eso hemos pasado los últimos veinte años ayudando a clientes como tú a ponerse en forma.
- Únete a los más de 100.000 que ya han cambiado su forma de dormir por la noche.
- Con nuestra experiencia acumulada de más de 100 años en la industria.

No necesitas mucho. El truco radica sólo en un poco de autoridad. Aquí hay algunas maneras de comunicar empatía en tu página web:

- Menciona sus puntos de dolor primario. Pocos mensajes son más entrañables que «Entendemos cómo se siente al luchar con...»
- Los testimonios en los que los clientes declaran cuánto les has ayudado son poderosos.
- Declarar claramente «Siento tu dolor» ayudó a Bill Clinton a convertirse en presidente y te ayudará a hacer crecer tu negocio.

Empatía

¿Cómo puedes resonar con el dolor o el problema de tus clientes? Confiamos en las personas que son como nosotros, por lo que deseas crear una declaración que muestre que no solo comprendes el dolor de tus clientes, sino que lo has sentido. Has estado allí antes o lo has experimentado a través de clientes anteriores.

Aquí hay un truco: completa esta oración: «sabemos lo que se siente al _____.»

Ejemplos:

- Sabemos lo que se siente al pasar desapercibido para una promoción.
- Sabemos lo frustrante que es tener una página web atractiva que no genera ventas.
- Sabemos lo que se siente al preocuparse de que no estás haciendo las cosas bien.

———————————————————————→

Ahora es tu turno

¿Qué dolor sienten tus clientes? ¿Qué dolor les molesta más? ¿Y qué declaración breve y simple puedes hacer para expresar la empatía que sientes respecto a su lucha? Siéntete libre de usar esta sección del libro como borrador y transfiere los resultados a la plantilla de papel que descargaste de MakertingMadeSimple.com para ver cómo todo se une.

_____

_____

_____

Autoridad

¿Cómo puedes asegurarle a tu cliente que tienes lo que se necesitas para ayudarle a resolver su problema?

No necesitas presumir de ti mismo, pero necesitas algunos elementos clave que ilustren que tienes la capacidad de ayudar a resolver el problema de tu cliente porque has ayudado a otros.

Al pensar qué tipo de autoridad quieres colocar en tu página web, asegúrate de que la evidencia de tu autoridad se relacione directamente con la resolución del problema que enfrenta tu cliente. Por ejemplo, si eres un instructor de yoga certificado, pero tu negocio es el cuidado del césped, no deseas poner esto en tu página web. Esto confundirá al cliente. No tendrán una categoría en sus cerebros para ubicarlo. ¿Es usted un instructor de yoga o especialista en cuidado del césped? Sería mejor poner algo como: «Hemos ahorrado a los clientes miles de horas de trabajo en sus patios para que puedan pasar más tiempo disfrutándolo que trabajando en él». Solo ponga autoridad en su página que se relacione directamente con su éxito.

En la siguiente sección, analizaremos cada tipo de autoridad y qué considerar al elegir lo que se incluye en su página web.

No exageres la autoridad

Ten cuidado. Si comunicas demasiada autoridad y no suficiente empatía, confundirás a tu cliente sobre de quién trata la historia. ¿Se trata de ti o de ellos? Plantea siempre la historia sobre ellos.

Expresar empatía y demostrar autoridad a través de testimonios. Incluir tres o cuatro testimonios de clientes en tu página web mejorará en gran medida tu empatía y autoridad.

Pero la mayoría de las empresas se equivocan de testimonios.

El principal problema que vemos cuando nuestros clientes usan testimonios es que son demasiado largos. Y el segundo problema es que divagan.

Cuando entrenamos a nuestros guías certificados de Story-Brand, les pedimos que escuchen fragmentos de sonido. Entrevistamos a los clientes e informamos sobre lo que escucharon. ¿Hubo algún sonido que pudiera usarse para convencer sucintamente a otros de comprar?

Al recopilar testimonios, debes pensar en ti mismo como un editor de noticias. Si una cadena de noticias de televisión envía a un reportero para entrevistar a alguien en el lugar, es probable que regrese con veinte minutos o más de imágenes. Ese metraje se corta en fragmentos de sonido que pueden durar unos segundos. ¿Por qué? Porque no todo lo que dice el entrevistado es realmente interesante.

Aquí hay algunos fragmentos de sonido diferentes que puede buscar al recopilar testimonios:

1. **Superar las objeciones.** Busca (o solicita) testimonios que hablen directamente a un cliente de cómo superar las principales objeciones que los clientes tienen sobre hacer negocios contigo. Por ejemplo, «Me preocupaba que este curso fuera una pérdida de tiempo. Estaba equivocado. Progresé más en seis horas que en diez años».

2. **Resolviendo problemas.** Busca (o solicita) testimonios que hablen de un problema específico que ayudó a un cliente a superar. Por ejemplo, «Estoy de pie todo el día en el trabajo, así que a las 5:00 p.m., la parte baja de mi espalda generalmente me duele. Llevé zapatos XYZ por primera vez, y a las 5:00 p.m sentí que podía hacer otro turno sin pestañear. No me he sentido tan bien en diez años ».

3. **Valor añadido.** Busca (o solicita) testimonios que ayuden a los clientes a superar el límite de pago hablando de cuánto valor recibieron. Por ejemplo, «al principio era escéptico por el precio. Pero no puedo decirle lo contenta que estoy de haber utilizado los servicios de jardinería XYZ en lugar de otra compañía. Nunca he estado tan orgulloso de mi césped.»

Mantén testimonios breves

Una vez que tengas el testimonio correcto, hazlo breve y fácil de leer. Incluso puedes escribirlos para tus clientes y luego enviárselos para su aprobación. No digo que inventes algo o que mientas, digo que tal vez los hayas escuchado decirles cómo cambiaron su vida y sabrás cómo escribirlos mejor que ellos. Junta un par de frases cortas y envíelas para su aprobación.

Tus clientes no son escritores. Y no son vendedores. Puedes pensar que tampoco eres un vendedor, pero incluso después de haber leído hasta aquí en tu libro, conoces más del 90 por ciento de los vendedores profesionales.

Usa una foto de cara

Considera usar una foto de cara de los clientes para que los testimonios tengan un atractivo personal aún mayor y sean más creíbles y fáciles de relacionar.

Las personas confían en otros que están dispuestos a respaldar públicamente tus palabras.

A menos que tengas que tratar con ADC (acuerdo de confidencialidad), usa el nombre y la imagen de tu cliente.

————————————————————————→

Ahora es tu turno

Recoge algunos testimonios para tu página web. Siéntete libre de usar esta sección del libro como un borrador y luego transfiere tus resultados a la plantilla de papel que descargaste en MarketingMadeSimple.com para verlo todo junto.

Testimonial #1:

_____

_____

_____

_____

Testimonial #2:

_____

_____

_____

_____

Testimonial #3:

_____

_____

_____

_____

Incluir logotipos de clientes en tu página web genera autoridad

Otra forma de demostrar autoridad es incluir logotipos de interacción B2B, o incluso logotipos de medios de prensa en los que has sido promocionado.

Lo bueno de incluir logotipos es que no ocupa mucho espacio en una página web y, sin embargo, permite a la persona que revisa tu web valorar que «estas personas saben lo que están haciendo».

En StoryBrand a menudo recibimos la pregunta «¿Pero funcionará para mí?» Para superar esta objeción, colocamos logotipos de una variedad de compañías en nuestro web. Cambiamos nuestra página web de vez en cuando pero hemos presentado logotipos de organizaciones sin ánimo de lucro, pequeñas empresas, marcas nacionales e internacionales, grandes empresas y pequeñas empresas. También tenemos una sección que dice «StoryBrand trabaja para empresas B2B y B2C». Luego enumeramos todos los diferentes tipos de sectores que han pasado por un taller de StoryBrand. Esto rápidamente otorga autoridad y al mismo tiempo supera la objeción percibida de que son la única compañía para la que Story-Brand no trabajará.

No es necesario que tengas logotipos en tu página web, pero si trabajas con una variedad de clientes, este es un gran espacio para responder a la pregunta «¿Trabajan con empresas como yo?» Enseña una variedad de logotipos para mostrar la amplitud de tu trabajo.

⟶

Ahora es tu turno

¿Qué logotipos incluirás en tu página web? Siéntete libre de usar esta sección del libro como un borrador y luego transfiere tus resultados a la plantilla de papel que descargaste en MarketingMadeSimple.com para ver cómo todo se une.

Logos

_____

_____

_____

_____

Incluir estadísticas habla de la autoridad que tienes

Las estadísticas pueden ser otra excelente manera de demostrar tu autoridad. Los tipos de estadísticas que desees compartir deben ser rápidas y claras para que permita a las personas conocer que pueden confiar en ti para resolver sus problema.

Aquí hay algunos ejemplos de estadísticas que demuestran tu competencia:

- Número de años ayudando a clientes (número de años en el negocio).
- Premios que has ganado.
- Número de clientes que has servido.
- Número de horas que has ahorrado a sus clientes.
- Cantidad de dinero que hayas ahorrado a los clientes.

———————————————————→

Ahora es tu turno

¿Qué estadísticas incluirás en tu página web? Siéntete libre de usar esta sección del libro como un borrador y luego transfiere tus resultados a la plantilla de papel que descargaste en MarketingMadeSimple.com para ver como todo se une.

_____

_____

_____

_____

Vamos a hacer la Sección de la Guía juntos

Hemos visto un montón de ejemplos en la sección de la guía de tu página web. Pero recuerda, esta sección no tiene que ser larga ni complicada.

No necesitas usar cada uno de estos ejemplos. Si no tienes testimonios, no te preocupes. Puedes recopilarlos e incluirlos en el futuro. Si no has ganado premios, no te preocupes. Todo lo que necesitas hacer es expresar rápidamente empatía y demostrar autoridad y luego seguir adelante. Nunca olvides que no estás contando una historia sobre ti mismo aquí, sino que estás invitando a los clientes a una historia. En esa historia, juegas a ser el guía, no el héroe, así que posiciónate como guía de los clientes y luego vuelve para invitarlos a una historia significativa.

Estos son algunos ejemplos de cómo puede verse la sección de la guía en tu página web:

Mira cómo este cliente vende más con menos trabajo.

Únete a miles de negocios como el tuyo que han vendido más de $350 millones utilizando OrderMyGear.

"OrderMyGear helps me be a better salesman."

Watch how Midwest Sporting Goods sold more with less work.

Ahora es tu turno

Dibuja una sección de guía para tu página web. Siéntete libre de usar esta sección del libro como un borrador y luego transfiere tus resultados a la plantilla de papel que descargaste en MarketingMadeSimple.com para ver cómo todo se une.

Sección 5: El Plan

Marca el camino para el cliente y lo seguirán. La sección del plan de tu página web les dice a los clientes qué camino deben seguir para hacer negocios contigo.

Al demostrar visualmente qué camino deben seguir tus clientes, ellos verán lo fácil que es trabajar contigo e identificarán los siguientes pasos.

La razón por la que recomendamos una sección del plan es porque la gente no caminará bajo la niebla. Si un cliente está confundido acerca de los pasos que debe seguir para comprar tu producto o servicio, saldrá de tu web, con la excusa de que volverá más tarde y lo averiguará. Por supuesto, sabemos que no volverán. Es probable que nunca vuelvan.

Aunque puede ser obvio para ti cómo un cliente puede comprar tu producto o servicio, no lo es para ellos. Recuerda, los clientes son bombardeados con publicidad comercial y lanzamientos todos los días y no gastarán el ancho de banda mental «descubriendo lo obvio», no importa cuán fácil sea descubrir lo obvio.

Cuando los clientes estén pensando en comprar, muéstrales algunos pasos simples que pueden tomar para atraer tu marca y comprar tus productos.

El comediante Brian Regan en sus actuaciones bromea con una caja de Pop-Tarts y sus instrucciones sobre cómo comerlas. Se burla de la simplicidad de las instrucciones y de cómo esto debería ser obvio para cualquiera que haya comido algo.

¿Alguien realmente necesita saber un proceso de tres pasos para comer una Pop-Tart?

Por supuesto que no. Pero dejando a un lado la comedia, el «plan» está del lado de la caja como una forma de comunicar a la mente inconsciente del consumidor que llegar a un resultado exitoso es aún más simple de lo que pensaban. La representación visual de tres pasos, abre el paquete Pop-Tart, calienta el Pop-Tart, y luego come el Pop-Tart, de hecho transmite: «Esto va a ser fácil. ¡Vas a tener un poco de azúcar corriendo por tus venas en solo unos minutos!» Y ese mensaje simple se traduce en ventas.

Cuando agregas una sección del plan a tu página web, es como si le estuvieras diciendo a tu cliente: «Es imposible estropear esto».

El uso de tres pasos es la clave

Recomendamos un plan de tres pasos. Puedes usar cuatro si quieres, pero no pases mucho de los cuatro. Cuantos más pasos tengas en tu plan, más complicado se verá visualmente y menos clientes estarán dispuestos a emprender el viaje.

La realidad es que puede haber siete u ocho pasos que un cliente debe seguir para hacer negocios contigo, pero hazte un favor y combina algunos de esos pasos en tres fases. Tener tres pasos mantiene las cosas simples y fáciles.

Si estás buscando un proveedor para una próxima fiesta, por ejemplo, es más probable que hagas negocios con una empresa que desglosa su proceso en tres pasos:

1. Cuéntanos sobre tu evento.
2. Permítenos crear un menú personalizado.
3. Organiza la fiesta de tus sueños.

Imagina que buscas a un proveedor y tu página web simplemente dice: «Seremos tu proveedor favorito, lo prometemos», pero no transmite un plan, ni cómo va a gestionarlo. Al no ver claro el proceso es muy probable que pases a otro proveedor que te explique mejor cómo proceden.

Mantén el plan visualmente simple

Desearás que cada paso de tu plan esté representado por una palabra o frase simple. Recuerda, las personas escanean las páginas web antes de leerlos, así que haz que tu página web sea fácil de escanear poniendo palabras claves en negrita o usando viñetas para facilitar la lectura.

También puede usar iconos para cada paso, encabezados en negrita y descripciones cortas para que el visitante no tenga que quemar muchas calorías mentales para descubrir cómo va a llevarlos a su resultado exitoso.

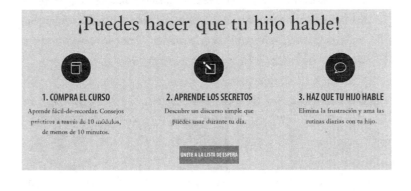

Ejercicio

¿Se puede dividir en 3 pasos el procedimiento para hacer negocios? ¿Cuáles serían esos pasos? Por ejemplo: 1. Llamada 2. Plan 3. Construir.

A continuación, escribe tu procedimiento de tres pasos: ¿cómo vas a llevar a tus clientes a un resultado exitoso?

1) _____

2) _____

3) _____

Ahora que tienes las palabras que representan cada paso, puedes usar una o dos frases debajo de los encabezados para describir cada paso. En estas oraciones breves, habla sobre los beneficios que el cliente verá si sigue estos pasos o si compartes información que aclarará el proceso. Por ejemplo, si el primer paso en el plan es «establecer llamada», ¿qué beneficios recibirán de esa llamada? ¿Les ahorrarás tiempo, descubrirán si encajan bien, obtendrán información que actualmente no tienen? Si el paso dos en el plan es «obtener un plan», ¿dejarán de perder el tiempo, recibirán tu consejo experto y tendrán un camino claro hacia adelante?

Cada paso del plan debe tener algunas palabras que discutan los beneficios para el cliente. Tómese un minuto y haga una lluvia de ideas sobre los beneficios que obtendrá el cliente cuando dé cada paso.

1. CONCIERTA UNA REUNIÓN

Reúnete con Tyler para que puedas conocerlo y ayudarlo a definir dónde quiere ir.

2. CREA UN PLAN

Juntos crearemos un plan específico para lograr tus objetivos.

3. OBTÉN RESULTADOS

Tener éxito sin estrés en el competitivo mercado inmobiliario de Seattle.

Paso 1 beneficios

_____

_____

_____

_____

Paso 2 beneficios

_____

_____

_____

_____

Paso 3 beneficios

_____

_____

_____

_____

Ahora consolida esa información. Dibuja a continuación cómo debería ser la sección del plan de tu página web. Usa iconos o números para representar los pasos en el plan y luego coloca los descriptores cortos debajo.

————————————————————→

Ahora es tu turno

Esboza una sección del plan para tu página web. Siéntete libre de usar esta sección del libro como borrador y luego transfiere tus resultados a la plantilla de papel que descargaste en MarketingMadeSimple.com para ver que todo se une.

Sección 6: El párrafo explicativo

A menudo escuchamos a clientes que se preocupan por recortar su texto para que pase el «test del gruñido» lo que implica que no podrán responder a todas las preguntas de sus clientes, proporcionarles la información necesaria, especialmente para productos o servicios que son más complicados, o comunicar todo lo que creen que sus clientes necesitan saber para hacer negocios con ellos.

Sin embargo, a medida que la *landing page* o la web se profundizan, puedes usar más y más texto.

La mayoría de la gente sale de una página web porque hay demasiadas palabras inútiles en la parte superior. Al diseñar una web de la manera que hemos recomendado, tu cliente ya está enganchado. Debido a que les has contado lo que ofreces, cómo puedes mejorar sus vidas y lo que necesitan hacer para comprarlo, podemos ampliar la oferta porque los clientes potenciales están dispuestos a darnos un poco más de tiempo.

El párrafo explicativo es de dónde vendrá tu SEO

Si te preocupa la optimización de motores de búsqueda (SEO) en tu página web, el párrafo explicativo te aliviará los temores. Si bien los algoritmos de SEO cambian con frecuencia, simplemente será útil incluir texto de formato largo con palabras que vendan tus productos.

Además, incluir un párrafo explicativo extenso permite a los clientes sentir que han hecho la debida diligencia al investigar si comprar o no tu producto o servicio.

A la mayoría de las personas no les gusta comprar impulsivamente. Tienen un regulador saludable en su cerebro que quiere marcar algunas casillas que les hacen sentir como si hubieran investigado un poco. Para la mayoría de los clientes potenciales, tu párrafo explicativo aliviará esa inquietud. Aún así, el párrafo explicativo es fácil de confundir. Si divagas continuamente sobre la historia de la compañía y lo orgulloso que estás de tus logros, harás perder el tiempo a tus clientes. Lo que tu cliente realmente quiere es ser invitado a una historia. Y tu párrafo explicativo va a lograr exactamente eso.

Invita a los clientes a una historia

Si has leído mi libro *Cómo construir una StoryBrand*, ya sabes cómo invitar a los clientes a una historia. Pero si no lo has hecho, no te preocupes. Voy a compartir una fórmula rápida y fácil contigo que facilitará la escritura. Recomiendo seguir esta fórmula palabra por palabra para tu primer paso, luego matizarla para que te sientas fiel a tu voz.

Tu párrafo explicativo hará lo siguiente:

1. Identifica en quién quiere convertirse tu cliente.
2. Identifica lo que necesitas.
3. Define el problema.
4. Posiciónalo como tu guía.
5. Comparte un plan que pueda usar para resolver su problema (que incluye tu producto).
6. Invítalo a la acción.
7. Emite una visión para sus vidas.

Este párrafo mágico es esencialmente una historia en la que tus clientes potenciales pueden apoyarse. Y lo sentirán cuando lo lean.

Miremos el párrafo, luego explicaré lentamente cada parte para que puedas completarla tú mismo.

————————————————————————→

Un ejemplo de párrafo explicativo

En _____ [nombre de tu empresa]
sabemos que vosotros sois el tipo de personas que
quieren ser _____ [identidad aspiracional.
¿Qué tipo de persona quieren ser?].
Para ser así, necesita _____
[En lo que respecta a tu producto, ¿qué quiere tu cliente?].
El problema es _____
[¿Cuál es el problema físico que los detiene?],
Lo que le hace sentir _____
[¿Cómo les hace sentir ese problema?].
Creemos _____
[¿Por qué es simplemente incorrecto que alguien deba lidiar
con ese problema?]. Entendemos _____
[Incluir una declaración empática].
Por eso nosotros _____
[Demuestra tu competencia para resolver tu problema].
Así es como funciona _____
[¿Cuál es tu plan de tres pasos: paso uno, paso dos, paso tres].
Entonces _____ [Invítalos a la acción],
para que pueda parar_____
[¿Qué cosa negativa sucederá o continuará sucediendo si no
hacen un pedido?] Y comenzará _____
[¿Cómo será su vida si hacen un pedido?].

Escribe y reescribe tu párrafo explicativo hasta que sea fácil y tenga sentido. Notarás que lo que realmente has hecho con este párrafo es un mapa mental para tu cliente. Después de leer este párrafo, de repente saben lo que les ha estado preocupando, cómo superar lo que les ha estado preocupando y qué pasos deben tomar para avanzar. Su mundo, en lo que se refiere a tu producto y servicio, ahora tiene sentido.

Y recuerda, las personas se mueven hacia la claridad y lejos de la confusión.

Muchos clientes me han dicho que fueron a mi web y decidieron hacer una compra después de leer el párrafo explicativo. Lo que realmente me dicen es que hicieron un pedido una vez que mi producto comenzó a tener sentido y solo después de que sintieron que habían hecho las comprobaciones pertinentes.

El párrafo explicativo es una excelente manera de lograr ambos.

Otra opción para el párrafo explicativo: Superar las objeciones de tu cliente

Otra forma de escribir tu párrafo explicativo es superar las objeciones de los clientes.

Cada cliente potencial que visita tu página web tiene preguntas o temores acerca de hacer negocios contigo. Tu párrafo explicativo es una oportunidad para superar esos miedos y eliminar cualquier obstáculo que les impida hacer negocios contigo. A veces, solo superar una objeción puede llevar a una venta.

Para hacer esto, debes comenzar enumerando las cinco razones principales por las que alguien *no* querría hacer negocios contigo.

¿Cuáles son las cinco excusas o preguntas que escuchas de los clientes que no están dispuestos a hacer un pedido? Estas preguntas podrían ser:

- El producto es demasiado caro.
- Dudo que funcione para mí.

- ¿Qué pasa si no me funciona?
- Dudo que la calidad sea tan buena como dicen.
- El proceso llevará mucho tiempo.
- No sabré cómo usarlo una vez que haga un pedido.
- He intentado algo como esto y no funcionó.

Después de haber enumerado las cinco excusas principales, elabora una o dos frases que superen cada objeción. Por ejemplo, si la pregunta es «¿Es complicado el proceso?» se podría escribir una frase que diga, «Nosotros te guiamos a través de un proceso fácil para ayudarte a utilizar nuestro producto y para que nunca tengas que preocuparte de X de nuevo.»

Si la pregunta es «¿Qué pasa si no estoy satisfecho?» podrías escribir «tenemos una garantía de devolución del 100% de satisfacción».

Una vez que tengas esas frases escritas, conviértelas en un párrafo que pueda ir a tu página web.

A continuación, enumera las cinco razones principales por las que alguien no querría hacer negocios contigo, seguido de tu respuesta para superar esta objeción.

Razón #1
_____
_____
_____
_____

Respuesta #1
_____
_____
_____
_____

Razón #2

_____

_____

_____

_____

Respuesta #2

_____

_____

_____

_____

Razón #3

_____

_____

_____

_____

Respuesta #3

_____

_____

_____

_____

Razón #4

_____

_____

_____

_____

Respuesta #4

_____

_____

_____

_____

Razón #5

_____

_____

_____

_____

Respuesta #5

_____

_____

_____

_____

Si deseas utilizar ambos ejemplos de párrafos explicativos, adelante. Tus clientes pueden continuar desplazándose hacia abajo en tu _landing page_. Ninguna _landing page_ es demasiado larga, siempre que el texto y las imágenes sean interesantes. Si utilizas ambos párrafos explicativos, asegúrate de separarlos en unas pocas secciones para que tu landing page no parezca que contenga demasiado texto. Cuando un cliente ve mucho texto, comienza a pensar que va a trabajar demasiado para comprar tu producto y es más probable que se salga. Nunca olvides, tu cliente quiere que el proceso de compra y la recepción de tu producto sea fácil. Sé breve y conciso, no desperdicies palabras.

Ahora es tu turno

Escribe tu párrafo explicativo (uno o ambos tipos) en el espacio provisto. Siéntete libre de usar esta sección del libro como un borrador y luego transfiere tus resultados a la plantilla de papel que descargaste en MarketingMadeSimple.com para ver cómo se une todo.

Sección 7: El video

Esta es otra oportunidad para presentar tu argumento de venta. La siguiente sección de tu página web es donde incluirás el video. Si bien no tienes que incluir un video, te recomendamos que crees uno que repita tu mensaje narrativamente y visualmente.

Muchos clientes potenciales simplemente se desplazarán hacia la sección del video sin leer mucho. Por esta razón, tu video simplemente necesita repetir lo que ya se ha dicho.

E incluso si leen tu página palabra por palabra, repetir esas palabras en tu video les ayuda mucho a memorizar tu oferta.

Crear un video no tiene que ser complicado. De hecho, si simplemente lees tu párrafo explicativo en un micrófono y colocas ese texto sobre «B-roll» de las personas que usan tu producto, debería ser suficiente.

Si deseas avanzar un poco más, considera elaborar tu párrafo explicativo con testimonios de clientes o incluso un mensaje de tu CEO.

Sin embargo, si vas a incluir un video, aquí hay algunas reglas que recomendamos seguir.

- **Sé breve.** La mayoría de los expertos dicen que un video comercial en una página web no debería extenderse mucho más de tres minutos. Estoy de acuerdo con eso como regla general, pero, por supuesto, si un video es interesante, puede durar cinco minutos o más. Dicho esto, sin embargo, rara vez he visto un video de cinco minutos que no podría haber sido recortado.
- **Capta la atención:** un estudio muestra que el 33 por ciento de los espectadores hacen clic y continúan después de los primeros treinta segundos de un video web. Asegúrate de captar la atención del espectador rápida-

mente. ¿Cómo? Asegúrate de que lo primero que el espectador escuche y vea, sea un problema. ¿Qué problema resuelves para tu cliente? Exprésalo directamente desde el inicio y sigue desde allí.

- **Considera enviar un video más largo a cambio de un correo electrónico:** si un cliente potencial te ha dado su dirección de correo electrónico a cambio de ver un video, ¿realmente les interesará? ¿Por qué? Porque han «invertido» algo y se tomarán el video más en serio. Si tienes un video más largo, como una charla TED de quince o veinte minutos, con información útil y atractiva, considera regalarlo a cambio de un correo electrónico como generador principal de captación de un cliente potencial. Dicho esto, no publiques el video completo en tu página de inicio. Crea una *landing page* independiente para emitir el video más largo.

- **Dale un título a tu video.** Muchas personas simplemente publican un enlace de YouTube en su página de inicio y marcan la casilla «video» como labor completada de la lista de tareas de la página web. Esto es un error. En realidad, asigna a tu video un título que haga que la gente quiera verlo y luego coloca ese título en negrita sobre el botón de reproducción para ese video. Verás que el número de reproducciones aumenta dramáticamente. Considera títulos como «Cómo hemos ayudado a miles a resolver X problema» o «Nuestro proceso diferencial es éste».

La regla general aquí es que tu video debe ser un argumento de venta. Debería ayudarte a cerrar el trato. No cometas el error de ser poco claro e impreciso en tu video, convirtiéndolo sólo en un video para reforzar la identidad de tu marca. Tu cliente quiere escuchar tu discurso de forma concisa, clara e interesante, y tu video es una gran oportunidad para lograr esto.

---------------------------------→

Ahora es tu turno

¿Cómo se llamará tu video? ¿Qué narración quieres sobre tu video? ¿Qué necesitas filmar para crear tu video? Escribe algunas ideas a continuación y considera crear un video como proyecto importante en los próximos meses. Siéntete libre de usar esta sección del libro como un borrador y luego transfiere tus resultados a la plantilla de papel que descargaste en MarketingMadeSimple.com para ver cómo todo se une.

Notas sobre la creación de un video:

_____

_____

_____

_____

_____

Sección 8: Elecciones de precios

Vayamos al resultado final. Muchos clientes tienen precios personalizados o demasiados productos para enumerar sus precios en su página web. No sientas que tienes que hacer un listado de tus precios.

Pero, si estás trabajando con productos a precio fijo y estás dispuesto a ponerlos en tu página web, especifica el precio indicando lo que obtiene el cliente a cambio.

Además, si un cliente hace clic en uno de los precios o productos, ese enlace debe ir a una página que hable exclusivamente sobre ese producto específico. Para crear esa *landing page*, aplica exactamente la misma fórmula que ya utilizaste en la *landing page* principal, con la diferencia de que el texto y las imágenes deben ser específicos para ese producto. De esta manera, puedes tener un árbol complejo de enlaces y páginas web, pero continúa usando esta metodología clara para que tu cliente nunca se sienta confundido o perdido.

Al enumerar los precios de sus productos, te recomendamos tener tres opciones diferentes. Incluso si solo tienes un producto, considera crear packs con otros artículos o servicios con ese producto para que puedas tener tres opciones de precio diferentes. ¿Por qué? Debido a que a los clientes les gusta tener opciones, y cuando les das algunas opciones, es más probable que elijan y compren una.

Si estás vendiendo muchos productos, haz una lista de tus productos más vendidos en tu *landing page* y pasa a un diseño más de estilo catálogo cuando los clientes hagan clic en «comprar». O quizás incluye divisiones de tu oferta para (por ejemplo) «Hombres», «Mujeres» y «Niños», y luego usa las tres opciones de precio en cada producto cuando crees esas *landing pages* separadas.

Hablando de tres opciones de precio, muchas de nuestras guías de marketing certificadas por StoryBrand han descubierto que los clientes generalmente eligen comprar el artículo presentado en el medio. No quieren lo más barato o lo más caro, pero sí quieren un buen valor.

Nuevamente, asegúrate de explicar qué obtienen los clientes con cada opción de precio y tendrás mucho más éxito.

Aquí hay algunos ejemplos de opciones de precios simples establecidas en un sitio web:

COMIDA DE PERRO

| Barbacoa Memphis, comida húmeda para perros, cocinada a fuego lento $3,74 | Entrante de comida húmeda para perros, de canguro salvaje $5,99 | Entrante de comida húmeda para perros, de cordero $4,39 | Comida húmeda para perros, de estofado de pato $3,74 |

Ahora es tu turno

¿Cómo será la sección de precios de tu página web? Siéntete libre de usar esta sección del libro como un borrador y luego transfiere tus resultados a la plantilla de papel que descargaste en Marketing-MadeSimple.com para ver cómo todo se une.

Sección 9: El fondo del cajón

La sección más importante de tu página web. ¡Porque es donde vas a poner todo lo que previamente pensabas que era importante!

Muchas páginas web tienen demasiados iconos y opciones en la parte superior de la página. Recomendamos encarecidamente colocar la mayoría de estas opciones en la parte inferior de la página web en lo que llamamos el fondo del cajón.

La razón por la que no deseas tener demasiados enlaces en la parte superior de la página es porque harás que un cliente potencial experimente fatiga en las decisiones. Los enlaces más importantes son para su llamada directa a la acción y su llamada a la acción de transición, que trataré en el próximo capítulo.

La gente va a desplazarse a la parte inferior para encontrar un enlace a las oportunidades de empleo, información de contacto, e incluso «sobre nosotros», por lo que reservar la parte superior de la página para los que todavía no se han comprometido te proporciona tiempo.

Mueve el contacto, las preguntas frecuentes, las oportunidades de empleo, etc. al final de la página para que, si la gente quiere encontrarlas, puedan hacerlo. ¡Usa tu fondo del cajón para limpiar el desorden!

---→

Ejercicio

¿Qué vas a incluir en tu fondo de cajón?

_____

_____

_____

_____

Resume todo lo que presentarás en tu fondo del cajón. Siéntete libre de usar esta sección del libro como un borrador y luego transfiere tus resultados a la plantilla de papel que descargaste en MarketingMadeSimple.com para ver cómo todo se une.

VAMOS A CREAR JUNTOS UNA PÁGINA WEB QUE FUNCIONA

Si bien puede haber muchas otras secciones en una página web, estas nueve secciones son las que consideramos críticas. Cientos de guías que ayudan a decenas de miles de empresas a crear páginas web que funcionan no pueden estar equivocadas. Si funciona para otras empresas como la tuya, funcionará para ti. Ahora que tienes todas las diferentes secciones creadas, puede diseñarlas de la manera que más te convenga.

Usa la estructura de embudo de ventas que descargaste en Marketing- MadeSimple.com para estructurar tu nueva página web.

Si bien existen muchas herramientas digitales que te permiten crear páginas web, te recomiendo usar papel y lápiz para escribir todo el texto. ¿Por qué? Porque al escribir a mano el texto, estás prestando mucha más atención a lo que estás diciendo y cuántas palabras estás usando. Tampoco te distraen las imágenes digitales que pueden verse geniales pero que no venden nada.

Además, la estructuración de una página web en papel lleva su tiempo. Es un proceso más lento y es más probable que medites en lo que estás presentando. Ese tiempo y enfoque se traducirán en mayores ventas.

No solo habrás pensado más en el desarrollo de tu página web, sino que si llevas tu página a un diseñador, ya habrás realizado la mayor parte del trabajo.

Si estás utilizando una guía certificada de StoryBrand, harán que sepas por qué has diseñado tu página web de la manera que lo has hecho, pero si estás siendo ayudado por alguien que no está familiarizado con nuestro esquema, no dejes que te convenzan para no utilizar la maqueta o el esquema en que se utilizan estas herramientas. Una vez más, hemos demostrado que estas secciones de una página web funcionan de manera excelente para crear y aumentar las ventas. No te dejes engañar por diseños espectaculares. ¡Este esquema de página web funcionará!

Una vez que hayas configurado tu página web, habrás completado los dos primeros componentes de tu embudo de ventas. Ahora tienes un eslogan y una plantilla de página web. Pero eso es solo el comienzo. La verdadera clave para aumentar las ventas es el proceso de recopilación de las direcciones de correo electrónico, el envío de correos electrónicos y guiones de ventas. Ese proceso conduce a pedidos en forma automatizada del sistema.

Pasemos al tercer componente de nuestro embudo de ventas: el generador de potenciales contactos comerciales.

6

GENERADOR DE LEADS O POTENCIALES CONTACTOS COMERCIALES

Convénceles para que te den su dirección de correo electrónico o no lo harán.

Imagina que conoces a alguien interesante pero no intercambias información de contacto. A menos que os encontréis de nuevo en algún lugar, es probable que te olvides de esa persona en poco tiempo.

Pero a veces esos primeros encuentros son incómodos. No parece correcto pedir información de contacto o darla sin que te la pidan.

En las relaciones comerciales, los generadores potenciales de contactos comerciales son una gran excusa para intercambiar información de contacto sin ser incómodo. Piensa en el intercambio como algo así: «Oye, déjame enviarte esa información de la que estaba hablando. ¿Cuál es tu dirección de correo electrónico?» Los generadores potenciales de contactos comerciales que capturan correos electrónicos se aseguran de que cuando alguien te encuentre interesante, obtengas su información de contacto. ¡Deja de perder la oportunidad de *obtener esa información*!

LA GENTE QUIERE ESTAR EN CONTACTO CONTIGO SI LE PARECES INTERESANTE Y LE PUEDES AYUDAR A VIVIR MEJOR

Ahora que tienes un eslogan y una página web, tu cliente potencial tiene curiosidad acerca de cómo puedes ayudarle a resolver su problema y desea ampliar información.

Ahora que te has ganado el derecho a ser escuchado, estarán dispuestos a pasar más tiempo contigo. Un buen PDF generador de potenciales contactos comerciales debería tardar unos veinte minutos en leerse, lo que, aunque no parece mucho, en realidad es un gran compromiso por parte de cualquier cliente.

Felicidades. Debido a que has despertado la curiosidad de tus clientes y te has posicionado como guía, están dispuestos a poder avanzar en la relación.

Estás oficialmente en una relación comprometida.

Piensa en el eslogan como la primera introducción a alguien y tu página web como la primera, segunda y tercera cita. Tu generador potencial de contactos comerciales, entonces, será la primera vez que tu cliente realmente se comprometa. Por supuesto, aún no es hora de un compromiso financiero, pero desde el momento en que te dan su dirección de correo electrónico, definitivamente entran en una transacción comercial beneficiosa para ti.

Si bien darte su dirección de correo electrónico no es un compromiso financiero, no te engañes. Sigue siendo un gran compromiso.

La mayoría de las personas no da fácilmente su dirección de correo electrónico. Para un cliente potencial, dar su dirección de correo electrónico equivale a darte un billete de diez o veinte dólares. No quieren recibir correo basura ni spam y no quieren que su bandeja de entrada esté llena de basura, por lo que seleccionan a quien dan esa dirección.

De hecho, la mayoría de las personas se niegan a dar su dirección de correo electrónico, y cada vez menos personas están dispuestas a hacerlo. Aún así, son buenas noticias para ti. ¿Por qué? Hay una razón: cualquier persona que esté dispuesta a darte su dirección de correo electrónico es que está muy interesada en tu producto o servicio.

Cuántos más cambios culturales y menos personas quieran dar su dirección de correo electrónico, mejores serán tus *leads* o contactos comerciales.

¿Cómo conseguimos que alguien nos dé su dirección de correo electrónico? Les damos un gran valor a cambio de integridad a su bandeja de entrada.

EL VALOR GRATUITO LLEVA A LA CONFIANZA

Un generador de potenciales contactos comerciales es (generalmente) un activo gratuito que se ofrece a los clientes potenciales. Es una forma de generar autoridad y confianza.

Tu generador de potenciales contactos comerciales puede ser un PDF, una serie de videos, una muestra gratuita, un evento en vivo o cualquier cosa que pueda brindarle a tu cliente potencial una manera de resolver un problema.

Recomendamos comenzar con un PDF generador de potenciales contactos comerciales.

StoryBrand, la división de marketing y mensajería de Busines Made Simple, se creó utilizando un solo PDF llamado «Las cinco cosas que debes incluir en tu página web». Este simple PDF fue descargado por miles de personas, y cientos de ellos terminaron viniendo a nuestros talleres de marketing en vivo. Sin ese PDF, nunca hubiéramos despegado.

A partir de ese PDF, creamos más embudos de ventas que ofrecían más PDF, y luego agregamos video cursos y seminarios web gratuitos e incluso eventos gratuitos de enseñanza gratuita en directo. Pronto, estábamos recopilando cientos de direcciones de correo electrónico cada día y nuestro negocio comenzó a crecer rápidamente.

Lo mejor de comenzar con un PDF generador de potenciales contactos comerciales es que son económicos de crear. A diferencia de los viejos tiempos en los que tendrías que imprimir un libro, un generador de potenciales contactos comerciales puede ser breve, visual, convincente y útil y, sin embargo, puede crearse y diseñarse en un fin de semana.

Los generadores de potenciales contactos comerciales deben posicionarse como la guía de los clientes, responder las preguntas de tus clientes, resolver sus problemas, despertar su interés, despertar un sentido de reciprocidad, generar confianza en lo que tienes para ofrecer, desafiar a un cliente potencial a que tome pequeñas medidas, dar una visión del resultado exitoso que podrían experimentar, y finalmente los *lleva* a una campaña de promoción, una campaña de ventas y, con suerte, una venta.

¿QUÉ DEBE CONTEMPLAR UN GENERADOR DE POTENCIALES CONTACTOS COMERCIALES?

Un gran generador de potenciales contactos comerciales debe hacer lo siguiente:

1. **Posiciónate como guía.** Esta es una oportunidad para compartir empatía y autoridad con tu cliente potencial. Muestra que eres la guía perfecta para ayudarlos a resolver su problema.

2. **Reclama tu territorio.** Aprovecha esta oportunidad para diferenciarte de la multitud. Comparte tu conocimiento único sobre un tema y demuestra cómo puedes resolver el problema del cliente.

3. **Califica a tu audiencia.** Tu generador de potenciales contactos comerciales debe hablar con la audiencia específica a la que estás tratando de llegar. Si te estás comunicando con diversos segmentos de personas, puedes crear diferentes generadores de potenciales contactos comerciales para llegar a esas diferentes audiencias. Por ejemplo, si eres un asesor financiero que trabaja con diferentes tipos de clientes, apunta a ese público específico. Si una audiencia a la que te diriges está comenzando a invertir, puedes ofrecer un generador de potenciales contactos comerciales titulado «Cinco errores que cometen las personas con su primera inversión». Si estás apuntando a un grupo demográfico que está más avanzado en el proceso, puedes ofrecer un generador de potenciales clientes comerciales titulado «Cómo transferir tu dinero sin malcriar a tus hijos». Estos serán descargados por diferentes grupos demográficos de personas. Luego, puedes crear campañas de correo electrónico que se desarrollen específicamente para cada una.

4. **Crea confianza resolviendo un problema.** Seguimos diciéndolo una y otra vez, por lo que debes notar que es importante. El propósito de cualquier negocio es resolver el problema de alguien. A menos que hables sobre ese problema, nadie sabrá por qué existes. Pero a pesar de que tu producto resuelve un problema, tu generador de

potenciales contactos comerciales también debería resolver un problema. Gratis. Una vez comiences a resolver los problemas de tus clientes, conseguirán confiar en ti para que les soluciones otros problemas. Por ejemplo, puedes compartir consejos nutricionales para comer alimentos orgánicos en tu generador de potenciales contactos comerciales y luego invitar a las personas a clases que les enseñen a cultivar un jardín en el patio trasero. Algunos expertos en marketing lo explican de esta manera: «Regale el por qué, pero venda el cómo». Me gusta esa regla, pero también me gusta ser generoso y regalar algo relacionado con el «cómo». En StoryBrand ampliamos información en nuestro podcast, Business Made Simple videos de consejos diarios y generadores de leads, que la mayoría de las universidades venden en sus programas de MBA. Pero no hay problema. No nos supone un coste. Nunca me han castigado por ser generoso y además no todo el mundo tiene la suficiente capacidad económica. Pero eso no significa que no merezcan un lugar en la mesa. Sé amable y generoso con tus clientes y ellos lo recordarán cuando tengan éxito.

5. **Crea reciprocidad.** Cuando les das valor gratis, los clientes se sienten en deuda contigo y con tu marca, incluso si no es en forma consciente. Cuando regalas un gran contenido y valor, los clientes quieren devolver el favor y es más probable que hagan pedidos.

6. **Ten un título interesante.** Asegúrate de usar un título que motive a la gente a realizar la descarga. Nadie quiere descargar un Ensayo o un «estudio de caso», pero sí quieren descargar «Los cinco errores que comete la mayoría de las personas al entrenar a un cachorro» o «Cómo Nancy duplicó sus ingresos sin salir de la casa». Haz que tu título sea pegadizo y audaz.

¿QUÉ TIPO DE PDF GENERADORES DE POTENCIALES CONTACTOS COMERCIALES PUEDES CREAR?

Los PDF que generan potenciales contactos comerciales no tienen que ser complicados. Deberías poder crear un generador de potenciales contactos comerciales efectivo en un fin de semana largo. La clave es no pensarlo demasiado. La realidad es que, en tu sector, es probable que seas un experto. Y si no eres un experto, definitivamente sabes mucho más sobre los productos que representas que tus clientes potenciales. Al compartir parte de ese conocimiento, te posicionas como su guía. Y esa es la mitad de la batalla.

Echemos un vistazo a diez ideas para archivos PDF que serán fáciles de crear y ofrecerán un valor excelente a los clientes:

1. Entrevista a un experto de la industria

Una excelente manera de establecer tu autoridad y reclamar tu territorio es entrevistar a un experto con un conocimiento complejo de tu sector.

Si trabajas dentro de un nicho específico, encuentra un influencer y reúnete con esa persona. Haz preguntas que sabes que están haciendo tus clientes y guía al entrevistado hacia respuestas que contengan conocimientos prácticos que resuelvan problemas reales.

Por ejemplo, en un refugio para mascotas podría sentarte con el encargado de las adopciones y preguntarle: «¿Cuáles son las siete cosas que toda familia debería considerar antes de adoptar un cachorro?»

Si realizas marketing para una empresa tributaria, entrevista a un inspector fiscal y pregúntale: «Dígame los cinco errores más grandes que cometen las personas cuando hacen sus propios impuestos».

Esta entrevista no se limita solo a un PDF, por cierto. Puedes distribuir la conversación a través de un seminario web en vivo, grabación de audio, *podcast* o artículo en PDF.

$\longrightarrow$

Ejercicio

¿Quiénes son las tres personas que podrías entrevistar y que proporcionarían un valor excepcional para tus clientes?

_____

_____

_____

_____

2. Lista de verificación

Una lista de verificación es un buen lugar para comenzar si deseas probar una estrategia de contenido que genere oportunidades de venta pero no tienes mucho tiempo.

Una lista de verificación es simple. Guía a tus lectores a través de una lista de ideas a considerar relacionadas con la resolución de su problema.

Digamos que tienes una clínica de salud. Tu lista de verificación podría hacer una serie de preguntas de salud, tales como:

«¿Te quedas sin aliento al subir las escaleras?»

«¿Te sientes cansado todos los días alrededor de las 3:00 de la tarde?»

«¿Alguna vez has tenido problemas para dormir por la noche?»

Con cada pregunta, puedes resaltar las formas en que tu clínica puede ayudarlos a resolver el problema que han identificado.

Si vendes utensilios y suministros de cocina, tu lista de verificación podría estar construida alrededor de los «cincuenta artículos que necesita una despensa bien surtida». Una lista de verificación es a menudo una excelente manera de hacer que los clientes se den cuenta de lo que les falta y cómo les puedes ayudar.

Si vendes propiedad intelectual o formación, considera una lista de verificación que informe a tu cliente sobre cómo mejorar en su área de especialización. Si eres un coach especializado en ayudar a expresarse en público, piensa en un PDF llamado «Diez terribles maneras de iniciar un discurso» o «Tres cosas que hacen que un ponente parezca un aficionado.» Cualquier persona interesada en aumentar su capacidad de hablar, sin duda, va a descargar esa lista de verificación.

$\longrightarrow$

Ejercicio

¿Cuáles son algunas listas de verificación que puedes crear para ayudar a tus clientes a darse cuenta de que les falta el producto que tú tienes?

_____

_____

_____

_____

3. Haz una hoja de trabajo (worksheet/borrador) que tu público use una y otra vez

Piensa en un ámbito en la vida de tus clientes que puedas ayudar a mejorar, y crea una hoja de trabajo repetible que resuelva su problema.

Una hoja de trabajo puede ser cualquier cosa, desde un planificador de marketing semanal hasta una página en la que establezcas tus objetivos.

Las hojas de trabajo diarias o semanales pueden abordar un problema abrumador y convertirlo en simple.

Haz que la hoja de trabajo sea algo que puedan usar repetidamente para que les recuerde semanalmente o incluso diariamente que existes y que puedes ayudarlos.

Las hojas de trabajo pueden ser desde diarios de nutrición, programadores de tareas, diarios de mantenimiento del césped, recordatorios de cumpleaños, a cualquier otra área en la que una persona pueda necesitar organizar sus pensamientos.

$\longrightarrow$

Ejercicio

¿Cuáles son las tres áreas en las que tus clientes podrían usar la ayuda para organizar sus pensamientos y tú podrías crear una hoja de trabajo para ayudarles?

_____

_____

_____

_____

4. Organiza un evento educativo

Los eventos educativos no siempre son efectivos. Pueden ser extremadamente valiosos si la oferta ayuda a tus clientes a resolver un problema. Un obsequio también puede recordarle a la gente lo que ofreces. Una clase de cocina gratuita para una empresa de catering local es una idea excelente. Un seminario sobre cómo ahorrar y comprar tu primera casa podría ser excelente para una compañía que proporcione servicios hipotecarios.

Las personas antes de comprar están ávidas de información. Si ofreces esa información, ¡es más que probable te compren!

---→

Ejercicio

¿Qué tipos de eventos educativos podrías organizar que pudieran generar confianza con tus clientes?

_____

_____

_____

_____

5. La muestra

Dependiendo del tipo de productos y servicios que ofrezcas, puedes plantearte regalar una muestra a tus clientes potenciales.

Por ejemplo, si estás vendiendo un planificador anual, podrías presentar un PDF sobre la gestión eficaz del tiempo junto con siete días de hojas de trabajo para completar. De esta manera, tu cliente potencial recibe algo de valor, a la vez que has creado una oportunidad para venderles el planificador anual.

Si tienes un producto alimenticio o producto específico, mira si hay una muestra que puedas regalar. Las tiendas de comestibles regalan muestras por una razón. ¡Las muestras conducen a las ventas!

Otros ejemplos podrían ser recetas de comidas, de cócteles, un libro de estilo de nuevos peinados, un cupón gratuito para cortar el césped, un cambio de imagen gratuito o incluso una comida gratis.

Si tienes una tienda física, puedes ofrecer un cupón canjeable en la misma tienda.

---→

Ejercicio

¿Qué es lo que puedes regalar para construir la confianza con tu cliente potencial e introducirles la calidad de tu producto o servicio?

_____

_____

_____

_____

6. Webminars

Los *webminars* o seminarios web son una excelente manera de atraer a tus clientes.

El objetivo de un seminario web debe ser ofrecer capacitación o información que ayudará a tu cliente a superar un problema concreto.

Tus clientes asistirán al seminario web de forma gratuita, a cambio de su dirección de correo electrónico, y al final del seminario web, no solo tienes la oportunidad de hacer una oferta por un producto de pago, sino que también puedes hacer un seguimiento con una promoción o campaña de ventas en las semanas y meses siguientes.

Una vez finalizado el seminario web, también puedes compilar la misma información que compartiste y convertirla en un PDF generador de potenciales contactos comerciales que se pueda descargar desde tu página web.

→

Ejercicio

¿Cuáles son algunos temas que podrías cubrir en un webminar?

_____

_____

_____

_____

7. Realiza un discurso de presentación en un evento generador de potenciales contactos comerciales

Realizar un discurso es una excelente manera de generar demanda por tus servicios.

No importa qué tipo de producto o servicio ofrezcas, busca un área en la que seas un experto y crea una ponencia que puedas ofrecer en los eventos. Incluso podrías crear tu propio evento e invitar al público.

Crear charlas como «Cinco errores que cometen los contables y que te están costando dinero» u «Obtén el máximo provecho de tu equipo sin acabar con ellos» atraerás a los clientes que probablemente necesiten tus productos o servicios respectivos.

Si tienes un negocio del tipo B2C, encuentra datos o información interesantes que la gente no conozca. Si vendes zapatos, considera una charla llamada «¡Cómo podrían tus zapatos hacerte sentir perezoso!»

───────────────────────────────→

Ejercicio

¿Cuáles son las tres áreas de especialización que podrías utilizar en discursos de presentaciones que te posicionen como un experto?

_____

_____

_____

_____

8. Satisfacer la curiosidad

Todos hemos perdido un tiempo precioso haciendo clic en un enlace solo porque teníamos curiosidad. ¿Cómo son ahora esas celebrities de la infancia? ¿Cómo construyeron el barco más grande del mundo?

Sin saberlo, al hacer clic en estos títulos de cebo para que pinches hemos perdido cinco minutos de nuestras vidas y probablemente nunca volveremos a esos enlaces. Pero tienes que admitir que son divertidos.

Una vez, mientras trabajaba con una marca global de alimentos para mascotas, les recomendé que convirtieran su red de parques para perros en generadores de potenciales contactos comerciales. La compañía fue increíblemente generosa creando parques para perros en todo el mundo, pero ninguno de ellos estaba siendo utilizado como generador de potenciales contactos comerciales. ¿Mi recomendación? Crea un generador llamado «Cinco cosas en las que piensa tu perro en un parque para perros» y permite que las personas lo descarguen en sus teléfonos. Después de todo, la mayoría de los dueños de perros simplemente se quedan mirando sus teléfonos de todos modos. ¡También podrías decirles por qué todos esos perros se están oliendo los traseros entre sí!

Ejercicio

¿Qué les interesa a tus clientes potenciales en una relación con tu producto o servicio y cómo podrían convertir esa curiosidad en un generador de potenciales contactos comerciales?

_____

_____

_____

_____

9. Lista de obstáculos

Al igual que la lista de verificación, existen dificultades y desafíos que tu cliente potencial está experimentando y que puedes ayudarle a evitar.

Los títulos como «Cinco errores que deben evitarse al comprar una casa» o «Tres errores fatales que los gerentes cometen al entrenar a sus equipos» o «Diez errores en una entrevista que provocarán que no obtengas el trabajo» ayudan a los clientes potenciales a evitar el dolor y ayudarlo a ganar su confianza como experto.

→

Ejercicio

¿Cuáles son los tres títulos que representarían las listas de obstáculos que puedes ayudar a los clientes a evitar?

_____

_____

_____

_____

10. Jornada de puertas abiertas

Puede que te sorprenda saber que las jornadas de puertas abiertas son útiles sobre todo para que el agente inmobiliario establezca una relación con los clientes potenciales.

Para nuestros clientes potenciales, las jornadas de puertas abiertas son una forma tremenda de capturar información de contacto y llevarlos a una campaña de promoción que comience a resolver sus problemas.

Sin embargo, una jornada de puertas abiertas no tiene por qué ser sólo una opción para agentes inmobiliarios. También es posible ofrecer una demostración gratuita de un producto, clases de cocina, sesiones de manualidades, etc. invitando a las personas a tu casa para saber lo que haces, todos crean un sentido de comunidad y construyen relaciones.

⸻⸻⸻⸻⸻⸻⸻⸻→

Ejercicio

¿Cuál es una buena excusa para invitar personas a tu casa o a tu empresa para que escuchen una charla?¿Qué tipos de eventos podrías albergar que podrían unir a clientes potenciales?

_____

_____

_____

_____

NUNCA DEJES DE PENSAR EN LOS GENERADORES DE POTENCIALES CONTACTOS COMERCIALES

La mayoría de las personas odian vender, y una de las mejores cosas de los generadores de potenciales contactos comerciales es que te da una excusa para hablar sobre tus productos y servicios sin pedir dinero. Si alguien se descarga tu generador de potenciales contactos comerciales o aparece para escuchar tu discurso, es que quieren saber más, y eso hace que la conversación comercial que viene después sea mucho más natural y auténtica.

Nunca dejes de pensar en generadores de potenciales contactos comerciales. Probablemente deberías dedicar tanto tiempo a pensar en ellos como en crear productos. ¿Por qué? Porque sin ellos probablemente no venderás muchos productos.

Espero que estas ideas hayan sido útiles.

Con un generador de potenciales contactos comerciales, atraerás al tipo de clientes que realmente necesitas y desean el servicio que tienes para ofrecer, aumentarás drásticamente tu lista de correos electrónicos y podrás cerrar las ventas de una manera natural.

VAMOS A POR TU PDF GENERADOR DE POTENCIALES CONTACTOS COMERCIALES: ESTA ES LA GUÍA PASO A PASO

Crea un título cautivador

Lo primero a considerar es el título de tu PDF. De nuevo, quieres que sea pegadizo y fuerte. Que les dé a las personas una razón para descargar el PDF mostrando el valor que estás ofreciendo en el título.

Aquí hay algunos ejemplos de títulos en PDF que han sido bien recibidos:

Cinco errores que cometen las personas con su primer millón de dólares. Una guía PDF descargable ofrecida por un asesor financiero que quería identificar a clientes jóvenes y nuevos.

Construyendo la casa de tus sueños: Diez cosas que debes hacer antes de construir. Un libro electrónico gratuito ofrecido por una arquitecta que quería establecerse como una guía para las familias que buscan construir una casa personalizada.

Club de cócteles: aprende a hacer un nuevo cóctel cada mes. Este fue un evento mensual organizado (sorprendentemente) por un centro de jardinería. Enseñaron a los asistentes a cómo mezclar alcohol con hierbas. El objetivo de la promoción era crear una comunidad y educar a las personas sobre cómo cultivar un jardín de hierbas. ¿Funcionó? El negocio está en auge, ¡o debería decir que está floreciendo!

Cómo convertirse en un orador profesional. Un curso *online* gratuito ofrecido por un coach ejecutivo para aquellos que desean convertirse en oradores profesionales. Esto generó potenciales contactos comerciales para suscripciones a largo plazo a su servicio de coaching.

Cómo hacer que tu perro deje de ladrar cuando la gente llama a la puerta. Esto fue ofrecido por una tienda de mascotas y ayudó a formarlos como expertos en adiestramiento de perros y cuidado de mascotas.

Cinco dolores y molestias sorprendentes causados por tus zapatos (y cómo solucionarlos). Una lista de riesgos ofrecida por una tienda de ropa deportiva para destacar cómo los zapatos baratos no merecen la pena por económicos que sean.

Cinco errores que cometen la mayoría de los gerentes que reducen la productividad (apuesto a que esta mañana ya has cometido alguno). Otra lista de dificultades ofrecida por un consultor de gestión.

Ahora que has considerado tu título, pasemos al contenido del PDF. Recuerda, no tienes que usar una gran cantidad de texto. Simplemente necesitas resolver el problema de tu cliente y ganar confianza en la nueva relación.

Contenido: Justo en el centro

Hay un millón de formas de escribir un PDF, pero voy a darte una pequeña fórmula que lo hará muchos más fácil.

Si no eres un escritor profesional, no te preocupes. Todo lo que necesitas hacer es crear un pequeño esquema y contratar a un redactor para desarrollarlo.

Créeme, este pequeño esquema hará que el trabajo del redactor sea mucho más fácil, y el producto final será excelente.

Vamos allá:

———————————————————————————→

Título atractivo: _____

Sección 1:

Párrafo 1: ¿Qué problema están experimentando tus clientes?

Párrafo 2: ¿Cómo puedes empatizar con ellos? ¿Y qué te hace confiar en que puedes resolver sus problema?

Sección 2:

Párrafo 1: Ahondemos en el problema. Dirígete a la frustración emocional que una persona puede experimentar al enfrentar el desafío que quieres ayudarle a resolver.

Párrafo 2: Ofrecer una solución al problema. Tres consejos, un cambio de paradigma, una receta o fórmula, algo que resuelve el conflicto para tu cliente.

Sección 3:

Detalla la solución en un plan paso a paso o en una lista de consejos. Ofrece los cinco consejos, el asesoramiento de expertos o la hoja de trabajo que puedes ayudar a tus clientes a superar su problema. Este es el contenido principal del PDF.

Paso / Consejo 1 _____

Paso / Consejo 2 _____

Paso / Consejo 3 _____

Sección 4: Define lo que está en juego

¿Qué está en juego si hacen caso o no a tus consejos? ¿Qué se ganará o perderá si no toman medidas sobre lo que usted ha recomendado?

Párrafo 1: Enumera las consecuencias negativas que podrían ocurrir si no actúan según su consejo, seguido del final feliz al que pueden llegar si lo hacen.

Párrafo 2: Invítalos a la acción. ¿Qué deberían hacer a continuación?

Esta es una plantilla básica para crear un PDF generador de potenciales contactos comerciales, pero que funciona bastante bien.

Aquí está el texto real de un PDF generador de potenciales contactos comerciales que creamos para una compañía falsa de bicicletas eléctricas. Utilizamos esta misma plantilla:

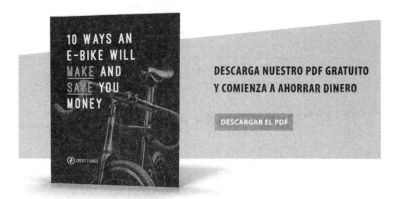

$\longrightarrow$

Ahora es tu turno

Crea las cuatro secciones que te darán la base que necesitas para crear un excelente PDF generador de potenciales contactos comerciales. Usa esta sección del libro como borrador y luego transfiere tus resultados al esquema PDF generador de potenciales contactos comerciales que descargaste en MarketingMadeSimple.com. Trabaja con tu diseñador o visita MarketingMadeSimple.com para contratar una guía de StoryBrand certificada que pueda crear un PDF para ti.

Titulo atractivo: _____

Sección 1:

Párrafo 1: (Problema)

_____

_____

_____

_____

Párrafo 2: (Declaración empática y generar confianza)

_____

_____

_____

_____

Sección 2:

Párrafo 1: (Ahondar en el problema)

_____

_____

_____

_____

Párrafo 2: (Ofrecer una solución)

_____

_____

_____

_____

Sección 3: (Paso a paso plan o lista de consejos)

_____

_____

_____

_____

Sección 4:

Párrafo 1: (Consecuencias negativas si no actúan y final feliz si lo hacen)

_____

_____

_____

_____

Párrafo 2: (Llámalos a la acción)

_____

_____

_____

_____

¿QUÉ HACER CON TU GENERADOR DE POTENCIALES CONTACTOS COMERCIALES?

Una vez que hayas creado tu generador de potenciales contactos comerciales, lo primero que quieres hacer es promocionarlo en tu página web. Puedes crear una sección en tu página web para anunciarlo, pero también te recomiendo una ventana emergente de publicidad.

Sí, lo sé, los anuncios de publicidad emergentes son molestos, pero funcionan. Por lo general, tienen una tasa de clics más alta que los anuncios normales y son una forma efectiva de capturar los correos electrónicos de clientes potenciales antes de que abandonen tu página.

Algunos consejos para anuncios de publicidad emergentes:

1. **Proporciona tiempo al visitante para navegar.** No hagas que el anuncio de publicidad emergente aparezca de inmediato. Calcula alrededor de diez segundos en la página web antes de que aparezca el anuncio. También puedes crear una ventana emergente de «intención de salir». Este tipo de anuncio emergente solo aparece cuando el visitante mueve el ratón para hacer clic fuera de tu página. Esto permite a los usuarios navegar sin ser interrumpidos, pero también funciona para capturar información antes de irse.

2. **Aprende las reglas.** Los motores de búsqueda cambian constantemente las reglas sobre cómo se puede usar las ventanas emergentes. Puedes ser penalizado por tener una ventana demasiado grande y cubrir demasiado la página. Debido a que las reglas cambian todo el tiempo, recomendamos hablar con un profesional o hacer la investigación primero antes de diseñar el anuncio.

3. **No permitas que cierren el anuncio con una X.** Para la mayoría de nosotros, se ha convertido en habitual cerrar los anuncios tan pronto como aparezcan presionando la X en la esquina superior derecha sin siquiera leer el anuncio. Como alternativa, programa que el visitante de tu página web tenga que hacer clic en una frase para cerrar el anuncio. La oración puede decir algo como «No, gracias, no quiero ahorrar dinero» o algo aún más enfático como «Estoy bien dejando que la competencia gane». Esto puede parecer un cebo para que pinches, pero los obliga a leer realmente lo que está ofreciendo antes de optar por no participar.

PROMOCIONA TU GENERADOR DE POTENCIALES CONTACTOS COMERCIALES

De hecho, gastamos más dólares en publicidad promocionando nuestros generadores de potenciales contactos comerciales que nuestros productos. Son muy efectivos para generar ventas.

Considera la posibilidad de promocionar tus generadores de potenciales contactos comerciales en las redes sociales o incluso usar publicidad de pago.

Para promocionar nuestros generadores de potenciales contactos comerciales, incluimos anuncios en nuestras páginas web, pero también creamos landing pages independientes que se centran exclusivamente en cada generador de potenciales contactos comerciales. De esta manera, podemos vincularnos a páginas en específicos *posts* (publicaciones), anuncios o episodios de *podcast*.

Las *landing page* no necesitan verse exactamente como su página de inicio, pero asegúrate de que cada página cumpla con los principios de mensajería StoryBrand de tu marca o correrás el riesgo de confundir a tus clientes. Mantén el texto claro, fácil de entender y contundente.

CONSEJOS PARA UNA BUENA REDACCIÓN

Como mencioné anteriormente, puedes ser muy creativo a la hora de crear *leads* o potenciales contactos comerciales, pero lo más simple y rentable es un PDF.

Antes de comenzar el proceso de redacción, ten en cuenta algunos errores comunes que cometen los clientes cuando se trata de crear un PDF generador de potenciales contactos comerciales.

Los errores más grandes que se cometen son:

1. **Centrarse en demasiados problemas a la vez.** Claro, tus clientes tienen muchos problemas que necesitan ser resueltos, pero si intentas resolver más de un problema a la vez, pueden experimentar un poco de fatiga al leer tu PDF. Intenta enfocarte en un solo problema a la vez.

2. **Usar demasiado texto.** Asegúrate de tener el PDF distribuido para que el texto fluya y sea fácil de leer. Haz que tus archivos PDF sean visualizados de forma rápida. Piensa en las imágenes, las mayúsculas, las llamadas y cualquier otra cosa que pueda mover al lector a través del documento con facilidad. ¡Menos texto es mejor!

3. **Ser demasiado vago.** Este no es el momento de ser adorable o ingenioso con tu idioma. Si eres impreciso sobre el problema que esperas que tus clientes resuelvan, estarán confundidos sobre lo que ofreces. No digas «La belleza de un compañero canino», sino «¡Tres cosas para recordar al seleccionar un cachorro!»

4. **No usar un título atractivo.** Asegúrate de que su título suene interesante. Si nunca has oído hablar de tu producto o servicio, ¿te gustaría leer un artículo titulado «Un estudio de las irregularidades del mercado en lo que respecta a la equidad de la vivienda» o preferirías leer «Cómo aumentar el valor de su casa en un mercado a la baja»?

PRUEBA TUS MÉTODOS Y AJUSTA LO NECESARIO

Prueba, prueba y prueba nuevamente.

Una vez que coloques el generador de potenciales contactos comerciales en tu página, asegúrate de revisar cómo funciona.

Mientras funcione, sigue usándolo. Si no funciona, tómate el tiempo para crear uno nuevo y comenzar de nuevo. Yo diría que alrededor del 60 por ciento de los generadores de potenciales contactos comerciales que hemos creado han encontrado una audiencia y el 40 por ciento fueron un fracaso.

Como os dije, creamos todo nuestro negocio inicial en un PDF llamado «Cinco cosas que tu página web debería incluir», pero me sorprendió que un PDF realmente sólido llamado «Cómo preparar su negocio para una recesión» casi no recibiera respuesta. Supongo que la gente no quiere pensar en una recesión.

Lo más importante es tener al menos un generador de potenciales contactos comerciales que funcione bien y luego seguir añadiendo nuevos hasta conseguir una cantidad bastante buena de correos electrónicos diariamente.

Una vez que crees tu primer generador de potenciales contactos comerciales, comenzarás a recopilar direcciones de correo electrónico. Lamentablemente, muchas personas no hacen nada con esas direcciones de correo electrónico. Qué enorme oportunidad perdida.

Esto nos lleva al cuarto elemento de un embudo de ventas que funciona: campañas de correo electrónico.

Si deseas contratar una de nuestras guías certificadas StoryBrand para que te escriba un generador de potenciales contactos comerciales, visita nuestro directorio de guías en MarketingMadeSimple. com. No participamos en tus negocios, ¡pero sí os formamos para crear generadores de potenciales contactos comerciales fabulosos!

7

EL PODER DEL CORREO ELECTRÓNICO

Cómo ganar espacio en la bandeja de entrada de un cliente potencial.

¿Qué debes hacer una vez que obtienes una dirección de correo electrónico?

El objetivo de un generador de potenciales contactos comerciales (lead) es obtener una dirección de correo electrónico. Recuerda, cuando te den su dirección de correo electrónico, debes considerarlos un cliente potencial.

Enviarles regularmente correos electrónicos valiosos es tu mejor oportunidad para seguir construyendo una relación y vendiéndoles un producto que resolverá su problema.

Si bien algunas personas comprarán un producto de inmediato, la mayoría deberá seguir aprendiendo más sobre tu empresa antes de sentir confianza.

No hacer un seguimiento con tu cliente después de que descargue tu PDF es como obtener el número de teléfono de alguien después de invitarlo a salir y luego nunca volver a llamarlo.

Si alguien te dio su dirección de correo electrónico, está esperando que le envíes un correo electrónico. Tienes esos datos, ¡adelante!

En esta sección del libro, te guiaremos a través de dos tipos de campañas de correo electrónico que puedes enviar. Ambos harán crecer tu empresa. Los dos tipos de campañas de correo electrónico que recomendamos son:

1. **Campañas de seguimiento o de profundizar la relación.** Están diseñadas para mantenerse en contacto con un cliente potencial y ganar confianza con el tiempo.
2. **Campañas de ventas.** Están diseñadas para cerrar la venta.

PREGUNTAS IMPORTANTES SOBRE LAS CAMPAÑAS DE CORREO ELECTRÓNICO

Recibimos muchas preguntas relacionadas con los correos electrónicos de nuestros clientes. La mayoría de la gente está un poco inquieta al enviar correos electrónicos porque parece que están haciendo radiodifusión al mundo. La verdad es que no deberían. Simplemente estás transmitiendo a un grupo de personas que te han pedido que te mantenga en contacto.

Los correos electrónicos son bastante difíciles de confundir. Sin embargo, cubramos algunos de los conceptos básicos.

Pregunta: ¿Cuántos correos electrónicos tengo que enviar?

Tantos como puedas mientras que aportes valor y sean interesantes.

La gente a menudo quiere saber cuál es el «número mágico» de correos electrónicos para enviar en una secuencia de correos electrónicos. Pero no te concentres tanto en la cantidad de correos electrónicos como para olvidar que el propósito es mantener a los clientes interesados. Recomendamos enviar al menos un correo electrónico por semana. Sin embargo, si tienes algo interesante que decir, puedes enviarlos con mayor frecuencia. Tengo una campaña de promoción en BusinessMadeSimple.com que ofrece un consejo comercial gratuito todos los días de la semana. A pesar de que puede sonar como una gran cantidad de mensajes de correos electrónicos, he tenido decenas de miles de personas que se suscriben y muy pocos cancelan la suscripción. ¡Solo me aseguro de mantener los videos cortos, de actualidad, útiles y nunca aburridos!

Pregunta: ¿Cómo dominamos el arte de escribir un mensaje de correo electrónico?

Aprende de los demás y practica, practica, practica.

En primer lugar, tenemos que recordar que estamos aprendiendo. No conseguirás tu objetivo a la primera. Solo mejora un poco cada día y estarás en el buen camino. En el Capítulo 10, te guiaré a través de algunas prácticas más detalladas para escribir excelentes correos electrónicos, pero si no tienes idea de por dónde comenzar, aquí hay algunos consejos:

1. *Lee los asuntos de los correos electrónicos que recibes de otras compañías.* ¿Cuáles llaman tu atención y por qué los abriste?
2. *Lee titulares de revistas.* Si hojeas revistas verás qué tipo de titulares llaman la atención de las personas.
3. *Escribe en una voz conversacional.* Redacta como si le escribieras a un amigo o familiar.

4. *Siempre piensa:* «¿Qué problemas puedo ayudar a superar a mi lector, qué valor puedo agregar y qué empatía y autoridad puedo mostrarle a mi cliente potencial?»

Y los últimos cuatro consejos los voy a sustentar a través de las palabras de Ernest Hemingway:

5. *Usa palabras cortas.* Al intentar sonar inteligente e interesante, a menudo sonamos tontos y aburridos. No hay razón para usar palabras grandilocuentes. Si bien las palabras escritas y habladas son diferentes, leer tu correo electrónico en voz alta es una excelente manera de comprobar si está claro o no. Usar palabras raras, jergas y frases complicadas es una excelente manera de confundir a tus clientes. No lo olvides: si confundes, perderás.

6. *Usa oraciones cortas.* Cuando alguien hace clic para abrir tu correo electrónico, ciertamente están dispuestos a darte un poco más de tiempo que si estuvieran navegando por tu página web. Pero no te excedas. Mantén tus frases cortas para que el correo electrónico sea fácil de leer. Las frases largas requieren que tu lector queme calorías mentales. En algún momento, el lector optará por no participar si el gasto de calorías que está requiriendo es demasiado grande.

7. *Usa párrafos cortos.* Cuando alguien hace clic para abrir tu correo electrónico, asegúrate de que el texto que se despliega no se vea como un libro. No se inscribieron para leer Tolstoi. Al dividir el texto en párrafos cortos y separados, el correo electrónico no les llevará mucho tiempo y, por lo tanto, será más probable que lo lean.

8. *Utiliza lenguaje activo.* Los verbos activos hacen una oración interesante. En lugar de decir «estamos tenien-

do una venta», diga «va a querer entrar por nuestra puerta porque hemos bajado los precios de la mayoría de nuestros productos». Palabras como «entrar», «recorrido» y «bajado» son interesantes porque connotan movimiento.

¡ESCRIBAMOS ALGUNOS CORREOS ELECTRÓNICOS!

Teniendo todo esto en cuenta, veamos específicamente cómo escribir campañas de promoción y campañas de ventas que tus clientes realmente deseen recibir.

8

CAMPAÑAS DE SEGUIMIENTO POR CORREO ELECTRÓNICO

Ahora ¡Cultivemos la relación!

¿Qué es una campaña de seguimiento por correo electrónico?

Los correos electrónicos de seguimiento están diseñados para ser campañas continuas que continúan «nutriendo» tu relación con un cliente.

Algunas personas llaman a estas *campañas de goteo* porque lentamente gotean información a los clientes durante un largo período de tiempo.

Con una campaña de seguimiento, estarás enviando información a los clientes sobre cómo puede resolver sus problemas y ofrecerles valor.

MANTENTE EN EL JUEGO

La razón por la cual una campaña de seguimiento es importante es porque la mayoría de los clientes no quieren comprar tu producto de inmediato. A menudo, tienen que escuchar sobre un producto cinco o seis veces antes de hacer la compra.

¿Por qué? Porque confían en lo familiar y no confían en lo desconocido. ¿Y qué hace que algo o alguien sea familiar? Escuchar sobre ellos una y otra vez desde diferentes puntos de venta en diferentes contextos.

Entonces, imagina que a un cliente le habla un amigo sobre ti. Ese es el punto de contacto uno. Luego vuelven a saber de ti a través de otro amigo. Ese es el punto de contacto dos. Luego revisan tu página web y como utilizaron nuestra infraestructura, los invitaste a una historia clara, por lo que tienen una comprensión mucho más profunda de cuán increíble es su producto. Ese es el punto de contacto tres. Luego descargan tu PDF y ese es el punto de contacto cuatro. Luego comienzan a recibir correos electrónicos tuyos, que representan, digamos, puntos de contacto del cinco al siete. Discuten sobre tu producto con un amigo en el trabajo y eso representa el punto de contacto ocho. Luego, ese mismo fin de semana, reciben otro correo electrónico tuyo, que representa el punto de contacto nueve, y se dan cuenta de que han tenido la intención de comprar tu producto durante algunas semanas, pero simplemente no lo han hecho por falta de tiempo. Finalmente se sientan en el taburete de la barra de la cocina y sacan una tarjeta de débito para hacer esa compra. Así es como una relación con los clientes tiende a funcionar. Y como les estás enviando correos electrónicos, aceleraste esos puntos de contacto y entraste en una relación de confianza más rápidamente.

De hecho, sin esos correos electrónicos, ¡es posible que nunca hubieran realizado un pedido!

LAS PERSONAS COMPRAN CUANDO ESTÁN LISTAS, PERO SOLO SI TODAVÍA ESTÁS AL ACECHO

La verdad es que las personas compran cuando están listas para comprar, no cuando tú estés listo para vender. No hace falta decir que es más que probable que cierres el trato si estás cerca cuando están listos para comprar. Enviar un correo electrónico semanal asegura que cuando lleguen a la ventana de compra, tú, y no su competidor, estés fresco en sus mentes.

No solo esto, sino que al enviarles un correo electrónico semanal, te presentas en el dispositivo más íntimo que poseen: su teléfono. Los clientes están todo el día mirando sus teléfonos. Si puedes enviarles un correo electrónico semanal que les recuerde que eres un guía que puede ayudarlos a resolver un problema, ofrecerles asistencia y apoyo y proporcionarles una inmensa cantidad de valor de forma gratuita, es más que probable que sigan suscritos mientras te estás comunicando con ellos en el mismo dispositivo que sus amigos, familiares y compañeros de trabajo. Ganarse el derecho a estar en ese espacio sagrado es fundamental. Y es un honor.

Si no estás aprovechando el poder de los correos electrónicos de seguimiento, y tu competidor lo está, te derrotarán en el mercado. Es absolutamente esencial que estés enviando correos electrónicos a tu lista de manera consistente y con contenido valioso.

LOS CORREOS ELECTRÓNICOS DE SEGUIMIENTO SON UNA GRAN MANERA DE JUGAR A LARGO PLAZO

Al crear una campaña de seguimiento, te comprometes con el juego a largo.

No te desanimes. Puedes enviar correos electrónicos enriquecedores a un cliente una vez por semana durante siete años antes de que realicen una compra.

Mantente conectado hasta que quieran hacer una compra. Puedes solicitar la venta varias veces antes de que estén listos, pero si estás proporcionando suficiente valor en tus correos electrónicos de seguimiento, permanecerán suscritos incluso si no están interesados en hacer una compra en este momento.

El compromiso en una relación lleva tiempo. Esto es cierto en el amor, la amistad, las relaciones comerciales, y especialmente en las relaciones que establecemos con nuestros clientes son reales.

¿QUÉ SUCEDE CON LA GENTE QUE QUIERE DEJAR DE RECIBIR CORREOS?

El botón para darse de baja es tu amigo. No deseas hacer perder el tiempo a tus clientes y no deseas una lista de correos electrónicos llena de personas que no quieren recibirlos.

Debido a que tus clientes pueden darse de baja de tus correos electrónicos en cualquier momento, no tienes que sentirse culpable por molestarlos. Todos saben cómo darse de baja en estos días, por lo que si no se dan de baja, es que les gusta. Y deberías sentirte genial por eso.

Tampoco tienes que preocuparte de que no abran tus correos electrónicos. Hay muchas compañías a cuya lista de envíos estoy suscrito y que apenas abro. Pero esos correos electrónicos son súper potentes de todos modos. ¿Por qué? Porque una vez a la semana o más veo el nombre de esa compañía mientras deslizo y borro ese correo electrónico. Es una marca fantástica. A pesar de que me están enviando un montón de correos electrónicos que no estoy leyendo, porque esos correos electrónicos provienen de ellos, me recuerdan que existen. Entonces, cuando estoy listo para comprar un par de zapatos o una herramienta eléctrica o unas vacaciones con mi esposa, tengo una marca fresca en la mente a la que llamar.

¿QUÉ DEBE CUMPLIR UN CORREO ELECTRÓNICO?

Muchas personas, si no la mayoría, no abrirán tus correos electrónicos, pero un buen porcentaje de personas lo harán. Eso significa que necesitamos escribir algunos correos realmente buenos. Luego te daré algunas fórmulas para que escribir correos electrónicos sea más fácil. Y más divertido. Pero por ahora, aquí hay una descripción general de alto nivel de lo que los correos electrónicos deben lograr:

- **Resolver un problema.** Nunca pierdas la oportunidad de decirle a la gente por qué eres importante. Porque resuelves un problema específico. Informa a los clientes cuál es el problema y te recordarán para siempre.
- **Valor de la oferta.** ¿Qué información, acceso y consejos puedes ofrecer a tus clientes potenciales que les ayuden a obtener lo que quieren?
- **Recuérdales que tiene una solución.** No menciones un problema si no vas a posicionarte como el que lo resuelve. ¿Qué productos tienes que resuelvan los problemas de tus clientes?
- **Enviar a los clientes a tu página web.** Vinieron una vez, descargaron tu PDF generador de potenciales contactos comerciales y mostraron interés. Ahora es el momento de traerlos de vuelta y mirarlos con ojos nuevos. Tu página web es la herramienta perfecta para ello: al traerlos de nuevo, puedes volver a hacer la misma presentación.

Muchos de nuestros clientes se sienten tímidos al vender sus productos y servicios. No quieren parecer vendedores demasiado enérgicos, que intimidan a sus clientes sacándoles el dinero.

Una gran característica de una campaña de seguimiento por correo electrónico es que ofreces un valor gratuito. Por supuesto, siempre deseas mencionar que tienes más productos, pero puede intimidar una venta sólida.

Una campaña de seguimiento hace algo aún más poderoso que vender tu producto. Te posiciona como la guía que tu cliente siempre ha estado buscando. Realmente, el objetivo de una campaña de seguimiento es asegurarse de que el cliente sepa que, en el área de tu experiencia, tú eres la primera persona a la que debe llamar.

Esto significa que toda la información que proporciones debe ser tu asesoramiento experto sobre lo que está mal en la vida de tus clientes y cómo pueden mejorar sus vidas.

Si venden zapatos deportivos, puedes decirle a tus clientes por qué los zapatos que solían usar no duran, por qué las personas tienen dolor de espalda y cómo el par de zapatos adecuado puede convertirlos en atletas.

Si quieren sentir estos beneficios, pueden comprar tus zapatos.

Si vendes servicios de consultoría de gestión, puedes hablar sobre por qué los supuestos comunes de gestión son erróneos, sobre los errores que cometen los gerentes o sobre la necesidad de establecer un plan de ejecución real.

Si quieren profundizar, pueden comprar tu consultoría.

Deseas seguir brindando información a tus clientes sobre por *qué* la forma en que viven sus vidas sin tu producto no funciona, al mismo tiempo que posicionas tu producto como la *forma en* que solucionarán su problema.

LA ESTRUCTURA DE UNA SECUENCIA BÁSICA DE SEGUIMIENTO

Hay muchas maneras de nutrir la relación con los clientes. Con el propósito de permitirte crear una campaña inicial efectiva, voy a guiarte a través de tres tipos de secuencias de seguimiento que son fáciles de crear y funcionarán de inmediato.

Tipos de campañas de seguimiento por correo electrónico

Anuncios semanales. Todos los lunes por la mañana enviamos un correo electrónico de seguimiento con una vista previa de nuestro *podcast*. Nuestro *podcast* ofrece contenido de expertos que ayudará a las empresas a crecer, lo que significa que cada semana nuestra lista completa recibe algún tipo de contenido beneficioso.

El verdadero poder del anuncio del *podcast* por correo electrónico es que me da una excusa para enviar un correo electrónico a mi lista, semana tras semana. Y cada correo electrónico explica cómo hemos entrevistado a un experto para ofrecer aún más valor.

Honestamente, es difícil saber qué es más valioso en términos de crecimiento de nuestro negocio, el *podcast* o el correo electrónico que enviamos cada semana anunciando el invitado de cada episodio. Ambos son excelentes puntos de contacto para nuestros clientes.

¿Sobre qué podrías enviar correos a tus clientes cada semana? ¿Un enfoque semanal del producto? ¿Un consejo de administración el lunes por la mañana? ¿Un contenido educativo que te convertirá en un gran guitarrista?

Encuentra una razón para enviar un correo electrónico a tus clientes para recordarles que existes.

Aunque el objetivo de un correo electrónico de seguimiento no es vender un producto, debes incluir una mención de tu producto al final de cada correo. Esta mención no debe ser una acción directa de venta, sino solo un pequeño recordatorio que les permite a los clientes saber lo que haces y los productos que crees que pueden resolver sus problemas.

En nuestros anuncios semanales de *podcast*, damos un paso más. Aunque el propósito del correo electrónico es informar a las personas sobre nuestro *podcast*, incluimos un anuncio en la parte inferior del correo electrónico recordando a los suscriptores de qué productos disponemos.

Observa esta muestra de uno de esos correos electrónicos semanales:

---→

Título atractivo:

¿El sistema financiero te estafa?

Descripción breve del contenido:

¿Cuánto impactan realmente los mercados financieros en tu pequeña empresa? Más de lo que probablemente te das cuenta. Y en este caso, el desconocimiento puede perjudicarte a ti y a tus empleados. Hoy en el *podcast*, Josh Robbins te proporcionará desinteresadamente la información que necesitas saber para tomar decisiones inteligentes sobre sus asesores financieros, inversiones y planes 401k.

Llamada a la acción:

Escúchalo ahora

Is the Financial System Ripping You Off?

How much do financial markets actually impact your small business? More than you probably realize. And in this case, what you don't know really can hurt you -- and your employees. Today on the podcast, Josh Robbins will arm you with the information you need to make smart decisions about your financial advisors, investments and 401k plans -- without getting taken advantage of.

LISTEN NOW

Anuncio corto:

Story Brand. Taller de marketing en vivo del 19 al 20 de mayo

A medida que más empresas experimentan el poder de la infraestructura de StoryBrand, nuestros talleres de marketing se hacen cada vez más grandes. Pero este próximo es un poco diferente.

Nuestro próximo taller tendrá lugar del 19 al 21 de mayo, en Clementine Hall en Nashville. Clementine Hall es un lugar hermoso con un ambiente realmente íntimo, y probablemente sea la última vez que hagamos un taller de marketing en vivo para un grupo reducido de personas. ¡No te lo pierdas!

Segunda llamada a la acción:

Regístrate ahora

Comparte consejos semanales. Otro tipo de correo electrónico semanal que puedes enviar sería una colección de consejos que mejorarán la vida de tus clientes en lo que respecta a tus productos y servicios.

Puedes ofrecer algo interesante cada semana, como un cóctel semanal o una receta de cocina, o puedes ofrecer consejos que los ayuden a organizar sus hogares, su tiempo o sus vidas.

Si tienes dificultades para decidir qué tipo de sugerencias enviar, interroga a tus suscriptores para ver qué tipo de contenido desean recibir. ¿En qué necesitan ayuda? ¿Cuáles son los tres problemas principales que se encuentran cada semana?

También puedes mirar sus plataformas de redes sociales y analizar qué publicaciones tienen la mayor cantidad de interacciones. ¿Hay fotos o consejos que atraigan a tu tribu? Úsalos como puntos de partida para crear contenido nuevo y útil.

Si tienes una tienda que vende utensilios de cocina, tu cliente quiere ser un gran chef en casa, pero no tiene los conocimientos básicos sobre condimentos: ¡Llévalos a la escuela de condimentos! Cada semana, envíales una descripción de un condimento especial. Diles dónde usar cada condimento, de dónde proviene y por qué es tan maravilloso incluirlo en un plato. Y por amor de Dios, incluye recetas. (Si alguien crea esta campaña, ¡inscríbeme!)

Estos son algunos tipos de correos electrónicos semanales que han sido efectivos y valiosos para nuestros clientes:

- Consejos para perder peso.
- Recetas de cócteles.
- Consejos de moda.
- Consejos sobre liderazgo.
- Consejos de motivación para los lunes.
- Actividades semanales que se pueden hacer con sus hijos.
- Nuevas posturas de yoga.
- Consejos sobre el marketing en redes sociales.
- Consejos de adiestramiento para perros.
- Consejos sobre seguridad personal.
- Proyectos de jardinería para cada semana del año.
- Un traductor de idioma de padres para adolescentes.

Hay una infinidad de contenidos que puedes ofrecer a tus clientes. Recuerda, eres un experto y ellos quieren saber más. ¡Muestra tu autoridad y enséñales lo que sabes!

La estructura de este tipo de correos electrónicos es bastante simple. Piensa en el correo electrónico como una publicación de blog o un artículo breve de una revista.

- **Comienza con un título claro.** Este no es el momento de ser ingenioso. El título puede ser pegadizo, pero debes ser claro en el correo electrónico. Si tengo que adivinar el contenido, no voy a abrir el correo electrónico.
- **Indica el problema.** Usa una breve descripción que aborde el problema de los clientes y les haces saber que vas a revelar una solución.
- **Comunica el consejo o el valor estratégico.** Simplemente hazles saber cómo resolver su problema. Divide el problema en partes si puedes. Recuerda, incluso los correos electrónicos deben ser visuales.
- **Posiciónate como el guía.** Te posicionas como el guía al expresar empatía y demostrar autoridad o competencia. Asegúrate de tener una breve declaración sobre cómo o por qué te importa que tus clientes tengan dificultades y luego infórmales por qué estás cualificado para ayudar.
- **Hazles saber que tienes un producto para vender.** Finalmente, asegúrate de mencionar tu producto o servicio. Recibirás algunos pedidos cuando hagas esto, pero ese no es el objetivo. El objetivo es continuar accediendo a tus clientes potenciales a través de un ejercicio de memorización. Les estás enseñando a memorizar qué problemas resuelves y qué productos vendes.

Aquí hay un ejemplo de un correo electrónico semanal que funciona:

---→

Título claro:

Diez consejos para perder las últimas 15 libras

Sabemos que cuando se trata de perder las últimas 15 libras, los métodos tradicionales no funcionan. Con estas quince últimas, de repente estás en un universo completamente nuevo. Nuestros médicos e investigadores han descubierto una razón y es esta: tu punto de referencia ha cambiado. Lo que eso significa es que a pesar de que te quedan quince libras que perder, ¡tu cuerpo piensa que eres delgado!

Pero no te preocupes. Hemos ayudado a miles de personas a reducir esas 15 libras y también podemos ayudarte a ti.

La clave es mantenerse activo y ponerse serio. Tendrás que abordar esto como un jugador de béisbol se acerca a un lanzador contrario.

Establece tu estrategia y encontrarás el éxito.

Estos son nuestros diez mejores consejos para perder las últimas quince libras.

Diez consejos para perder las últimas quince libras

1. Haz saber a los que te rodean lo que estás haciendo y busca un socio y / o grupo responsable. Creemos que cuando te rodeas de personas motivadas, con ideas afines, aumentas drásticamente tus posibilidades de tener éxito. (¡Vemos que sucede diariamente!)

2. Elimina todas las tentaciones poco saludables de tus armarios, nevara y despensa.

    ¿Por qué tener alimentos tentadores en tu casa que no se alinean con tus objetivos? Tentación eliminada = ¡retrocesos eliminados!

3. Crea una lista de compras específica basada en comidas saludables de 400–600 calorías.

   No entres a una tienda de comestibles a ciegas. Ten una lista previamente planificada y mantente en la sección de alimentos enteros y saludables. (Consejo adicional: Además de una lista, limita el tiempo para evitar tentaciones; a tus hijos les encantará ese juego.

4. Saltarse alguna comida

   Si tu médico lo aprueba, no dudes en saltarte el desayuno, el almuerzo o la cena de vez en cuando. Cada vez más estudios revelan que tus intestinos piensan que un pequeño descanso es realmente bueno para ti. Te enseña a vivir sin comida, estabiliza tu azúcar en la sangre y activa tu cuerpo para comenzar a quemar grasa. Planifica omitir tres o cuatro comidas cada semana y disfruta del descanso de tu cuerpo. ¿Quieres saber más? Teclea en Google «ayuno intermitente» y amplía información.

5. ¡Bebe más agua! Necesitas beber mucho todos los días.

   Hazte con una botella que te ayude a controlar la cantidad de agua consumida por día. Si tienes dificultades para recordar beber agua, configura una alarma en tu móvil mientras trabajas para desarrollar esto como un nuevo hábito.

6. Escribe lo que comes.

   Lleva un diario de calorías. Pero no solo lleves un diario de calorías para contar calorías, sino para practicar la conciencia. La mayoría de las personas olvidan casi la mitad de lo que comen en un día. Al escribir lo que comes, comenzarás a ver patrones y tendencias que puedes mejorar. Además, ¿quién quiere escribir el tazón de helado al final del día?

7. Aumenta la cantidad de proteína que comes diariamente. Busca productos que contengan proteína de suero sin desnaturalizar.

   Tu cuerpo no almacena proteínas tan rápido como los carbohidratos. Además, la proteína es el bloque de construcción de músculo magro, que en realidad te ayuda a quemar más calorías. Aumenta la cantidad de proteína que comes, y será más probable que pierdas peso.

8. Frena tu estrés.

    No te imaginas cuánto el estrés y el aumento de peso parecen ir de la mano. El estrés aumenta los niveles de cortisol en su cuerpo, lo que hace que tu cuerpo almacene grasa a un ritmo mayor.

9. Bebe proteína de suero justo antes de que tu cabeza caiga sobre la almohada por la noche.

    Cuando tu cuerpo descompone las proteínas mientras duerme, también ayuda a liberar la grasa acumulada en el abdomen. (¡Realmente puedes aumentar tus resultados mientras descansas!)

10. Consigue un sueño adecuado e ininterrumpido todas las noches. Incluye una dosis saludable de melatonina natural.

    Dormir es esencial para cualquier estilo de vida saludable. Tu cuerpo requiere de siete a ocho horas de descanso por noche. Dormir menos, incluso si no se «sientes» cansado, impide que tu cuerpo funcione al máximo.

Sabemos lo difícil que es perder las últimas 15 libras, pero también sabemos que es posible. Y no solo es posible, también puede ser divertido.

Hemos ayudado a 1245 personas a perder peso aquí en nuestro gimnasio. Eso es porque cuando te registras en nuestra clase de entrenamiento quincenal, antes de empezar el ejercicio físico te enseñamos cómo quema grasa tu cuerpo.

Si deseas asistir a una clase gratis, solo llámenos hoy. Estaremos encantados de ayudarte.

Si deseas perder los últimos quince (¡o los primeros veinte!), somos las personas que necesitas.

Llámanos ahora y te inscribiremos para la próxima clase.

Información de contacto: _____

Atentamente,

Jim Smith, Health and Wellness Gym

PD. Si traes a un amigo, ¡las dos primeras clases serán gratuitas para ambos! Llámanos hoy.

Lo mejor de este correo electrónico es que ofreces resolver un problema, tanto si el cliente paga el gimnasio o no. Pero también estás tendiendo la mano al cliente por si desea resolver el problema juntos.

Las posibilidades de perder esas quince libras obviamente aumentarían dramáticamente con tu ayuda. Tu cliente, aunque quizás pienses que la información es obvia, se está concienciando para ese proceso de pérdida de peso, o necesita un recordatorio. Este correo electrónico funcionaría para ganar confianza y aumentar el compromiso del cliente.

Otra gran cosa sobre el contenido de este correo electrónico es que en realidad podría convertirse en diez correos electrónicos semanales consecutivos. Toma cada consejo y explícalo un poco más, y el valor de diez semanas de excelente contenido está listo para comenzar. ¡Son diez tomas de contacto con un cliente!

Comparte una notificación semanal. Al igual que tú, me inscribo en muchas listas de correo de empresas que tienen productos que quiero conocer. Si bien algunos de sus correos electrónicos pueden tener información útil, en la mayoría de los casos estoy en sus listas para ver qué nuevos productos están desarrollando o para recibir notificaciones sobre promociones especiales.

Si gestionas una marca que constantemente produce o distribuye nuevos productos, tu correo electrónico de seguimiento puede simplemente contener una página de catálogo que muestre las novedades.

Dicho esto, puedes incluir de vez en cuando en el correo contenidos sobre cómo están hechos tus productos (siempre para resolver el problema de un cliente) o consejos para los mejores usos de tus productos, lo que aumentará la profundidad de tu oferta. Y también agregará algo de personalidad a la marca.

Una marca de calzado reciente que me consultó quería saber la forma más rápida de aumentar los ingresos. Habían gastado una gran cantidad de esfuerzo y dinero en la marca y habían enviado correo tras correo a sus clientes hablando de la misión de la empresa, pero habían fallado para hacer lo único qué haría crecer a su empresa más rápido: enviar correos electrónicos con fotos de sus zapatos.

Les recomendé que dividieran su lista en cuatro: mujeres, hombres, adolescentes y padres de niños y luego enviaran un correo electrónico semanal con imágenes de zapatos que se ajustaran a cada segmentación específica.

Otra compañía con la que trabajé en Fort Worth, Texas, hizo crecer su empresa simplemente enviando fotos de camiones. Eran (y son) el mayor vendedor de montacargas usadas del mundo. ¿Qué notificaciones semanales decidimos enviar? El camión del martes: un correo electrónico semanal que muestra imágenes de montacargas recientemente añadidas a su inventario. ¿Qué camionero no querría recibir ese correo electrónico cada semana? Ya no tengo un camión y todavía abro esos correos electrónicos.

La clave para las notificaciones semanales que presentan productos es asegurarse de que siempre estés informando a los clientes sobre algo nuevo y emocionante.

Por supuesto, en este tipo de campañas de seguimiento, querrás incluir las llamadas directas a la acción «comprar ahora» o «comprar» junto al producto.

Otros tipos de correos electrónicos de notificaciones semanales que han tenido éxito para nuestros clientes incluyen:

- Calendario de eventos de la semana.
- Especiales semanales para un restaurante.
- Nuevo inventario semanal.
- Planta de la semana (para un vivero).
- Ofertas de casas nuevas en tu vecindario.
- Stocks para ver.
- Ofertas especiales con el 10 por ciento de descuento esta semana.
- Recetas semanales.
- Videos de guía práctica semanales.

Un error crítico que hemos visto en algunas empresas consiste en llenar su mensaje con información corporativa. Bombardear una lista de correo presentando a los diferentes miembros de tu equipo no resuelve los problemas de los clientes, por lo que no estarán interesados.

Construye los asuntos del mensaje que va a enviar de forma clara y concisa para que las personas sepan que no deben dejar de acceder a la lectura.

COMIENZA LENTAMENTE Y DISFRUTA DEL PROCESO

Lo bueno de tu campaña de seguimiento es que todo está automatizado, y no tienes que agregarlos todas las semanas. Simplemente comienza creando algunos mensajes geniales, y cuando empieces a ver el compromiso del cliente aumentar, estarás motivado para agregar algunos más. Muy pronto tendrás cincuenta y dos correos electrónicos que brindarán valor y generarán confianza.

Si no has estado enviando correos de seguimiento y la idea de hacer algo cada semana te parece abrumadora, no te preocupes. Comienza despacio. Reutiliza el contenido que ya hayas creado. Y si no se te da bien la escritura, contrata a un redactor para que te ayude. Me gusta pensar que soy un buen escritor, pero contrato redactores todo el tiempo porque me encanta ver lo que se les ocurre, y me encanta enviar mensajes con una voz fresca y divertida.

¿DÓNDE PUEDO OBTENER IDEAS PARA MENSAJES DE CORREO ELECTRÓNICO?

Una vez que te des cuenta de lo fácil y divertido que es enviar correos electrónicos, comenzarás a ver oportunidades continuamente.

Probablemente a muchos de vosotros se le ocurrieron 5 o 10 ideas de PDF, pero solo van a crear uno. ¿Qué os parece usar esas cuatro o nueve ideas de PDF y convertirlas en sucesivos envíos de correo?

También puedes preguntar a los clientes qué les gustaría recibir. ¿Sería útil una receta semanal? ¿Una motivación para tu entrenamiento semanal? Tus clientes pueden tener algunas ideas fabulosas.

La conclusión es esta: si no estás enviando correos electrónicos a tus clientes al menos una vez por semana, te lo estás perdiendo. Y peor que perderse, te están olvidando.

Puedes hacer crecer tu empresa de la misma manera que convencí a mi esposa para que se casara conmigo. Sigue paseando cerca de su casa con tu bicicleta... Finalmente, si eres servicial, amable y no la asustas, quizás se case contigo. O bien, compre tu producto.

9

CAMPAÑAS DE VENTAS POR CORREO ELECTRÓNICO

Cómo cerrar el trato.

Si bien la campaña de seguimiento se centra en agregar valor y generar confianza, la campaña de ventas se centrará en cerrar el trato.

Crear una campaña de ventas es tu oportunidad para compartir la historia completa de cómo tu producto ayudará a resolver los problemas de tus clientes y, de hecho, pedirles que lo compren.

En una campaña de ventas por correo electrónico no se trata de ser tímido, se trata de desafiar a tus clientes a dar un paso para resolver sus problemas. Hoy.

DAR AL CLIENTE ALGO PARA ACEPTAR O RECHAZAR

La idea detrás de una campaña de ventas por correo electrónico es dar a los clientes algo para aceptar o rechazar. Recuerda, la relación que has estado cultivando todo el tiempo es amistosa, amable y una relación comercial muy útil. Y las relaciones comerciales son transaccionales.

Si temes pedir dinero a las personas a cambio de tu producto o servicio, es que *no crees en tu producto o servicio*. No crees que resuelvas los problemas de tus clientes, resuelvas sus inquietudes o mejorares sus vidas. Si ese es el caso, encuentra un nuevo producto. Pero si realmente tienes la medicina que aliviará el dolor o el problema de las personas, ¡véndela! Es lo justo.

Muchas personas usan tácticas pasivo-agresivas para vender sus productos. Mencionan que tienen productos, pero nunca dicen «¿Por qué no recoges uno hoy?» o «¿Cuántos te gustaría pedir?»

El cliente entiende las técnicas de venta pasivo-agresivas como una debilidad. No es diferente a la época en la que tenía citas. Si seguías comentándole a una chica que estaba muy guapa o que me gustaban sus gustos musicales o que estábamos leyendo el mismo libro sin decirle, en algún momento, «puedo pedirte una cita alguna vez. Me encantaría seguir hablando», la relación podría haberse vuelto insostenible. La gente quiere saber lo que quieres y hacia dónde va esa relación. La gente quiere algo para aceptar o rechazar.

Es cierto que si pides un compromiso demasiado pronto, puedes ser rechazado. Pero en este punto de la relación que has establecido con tus clientes, puedes solicitar un compromiso. Te doy permiso.

NO TODOS ESTÁN DISPUESTOS A COMPROMETERSE

Otra cosa para recordar es que una campaña de ventas no se traduce en ventas al 100%. La mayoría de la gente todavía no hará una compra. Pero eso está bien. Has sido respetuoso con su tiempo y te has ganado el derecho a ser escuchado y nadie te va a culpar por pedir un compromiso. Al exponerte y pedir la venta, puedes ser parcialmente rechazado. Pero por otra parte tu oferta será valorada. Hay un nombre para los empresarios que temen el rechazo. Los llamamos «los en bancarrota».

QUÉ VIENE PRIMERO, LA CAMPAÑA DE SEGUIMIENTO O LA CAMPAÑA DE VENTAS

Recomendamos comenzar con la campaña de ventas y dejarla funcionar durante aproximadamente una semana. Luego, queremos que pongas a las personas en tu campaña de seguimiento para que puedas permanecer en la relación.

Si te preguntas por qué comenzamos con las ventas sin ganar el derecho a ser escuchado, no olvides que ya lo hemos ganado con el eslogan, la página web y el generador de potenciales contactos comerciales. Es hora de pedir la venta. Y si el cliente no realiza una compra, nos mantendremos en la relación con nuestra campaña de seguimiento, para que nos recuerden cuando estén listos para comprometerse.

A veces, recomendamos lo contrario, empezar primero la campaña de seguimiento y luego insertar una campaña de ventas más tarde. ¿Por qué? Porque la mayoría de las empresas crecerán incluso sin realizar una campaña de ventas por correo electrónico. Una campaña de seguimiento es realmente poderosa. Pero no te equivoques, una campaña de ventas funciona. Hemos visto que los clientes lo hacen fenomenal solo con excelentes páginas web, generadores de potenciales contactos comerciales y campañas de seguimiento que duplican sus ventas una vez que insertan una campaña de ventas.

Te encantará esta valiosa herramienta.

Aquí hay algunas cosas a tener en cuenta cuando se trata de crear una campaña de ventas:

1. **Determina qué producto estás vendiendo.** Una campaña de ventas, a diferencia de una campaña de seguimiento, funciona mejor cuando se enfoca en vender un solo producto. Puedes crear campañas múltiples para múltiples ofertas, pero no confundas a tus clientes al ofrecer múltiples productos en la misma campaña o al tratar de vender múltiples productos a la vez.

2. **Identifica el problema que resuelve este producto.** Ya sé, ya sé. Me estoy repitiendo. Pero lo sigo diciendo porque mucha gente lo olvida. Si estuvieras escribiendo un guion, cantarías la misma cantinela. Cada historia, cada escena, cada personaje solo tiene sentido cuando hay un problema que resolver. Lo mismo ocurre con tu campaña de ventas. Tu campaña de ventas no es solo para vender un producto: está diseñada para resolver un problema, y el producto es la herramienta que las personas utilizarán para resolver el problema. Tu producto solo brillará si ayudas al cliente a superar un problema o a vencer a un villano. Si olvidas el problema, el producto no tiene sentido. Decide qué problema específico ayudarás a resolver en esta campaña de ventas e insiste sobre ello una y otra vez en tus comunicaciones de correo.

3. **Convierte todo el correo electrónico en una llamada a la acción.** Los correos electrónicos de seguimiento contienen llamadas a la acción, por lo que hacen muy buen trabajo vendiendo. Pero los correos electrónicos de ventas son diferentes. Mientras que un correo de seguimiento intenta agregar valor resolviendo un problema y luego incorporando una llamada a la acción al final,

un correo de ventas hará que la llamada a la acción sea tu enfoque principal. Es el objetivo del mensaje. Cada palabra, cada frase y cada párrafo deben tener un propósito: desafiar a los clientes a hacer un pedido. No es suficiente pedirles que hagan el pedido. En un contexto de ventas, las solicitudes educadas parecen débiles y te hacen parecer como si realmente no creyeras en tu producto. En un correo de ventas, debes animar intensamente a tus clientes a realizar un pedido.

4. **Programa una pequeña ventana para comprar.** No tienes por qué crear una oferta por tiempo limitado con cada correo, pero si puedes, deberías hacerlo. Diles a los clientes que su oportunidad de comprar o recibir un bono va a desaparecer. Notarás, que en la mayoría de las películas, el héroe se enfrenta a una fecha límite. El hecho de que expire el tiempo estás forzando a la acción. Si funciona en las películas, funcionará en tu campaña de marketing. Cuando los clientes saben que no tienen siempre tienen tiempo para una elección, es más probable que actúen. A diferencia de una campaña de seguimiento, no deseas que tu campaña de ventas sea larga o abierta. Crea una sensación de urgencia y obtendrás mejores resultados.

CREEMOS LA CAMPAÑA

Redactar una buena campaña de ventas es más arte que ciencia, pero hay fórmulas que harán que tu primer intento tenga más éxito. A medida que mejores y mejores la creación de correos de ventas, podrás mezclar y combinar algunas de estas ideas, pero comenzar con una o dos plantillas no te irá mal. He estado escribiendo estos correos electrónicos en nombre de los clientes durante mucho, mucho tiempo y, a veces, todavía vuelvo a estas fórmulas.

Con eso, aquí hay una primera campaña fácil que puedes crear:

- **Correo electrónico 1: Entrega el valor** («**así es cómo se usa**»). Probablemente, tu primer correo electrónico entregará cualquier contenido que sea generador de potenciales contactos comerciales que prometiste cuando se registraron con su dirección de correo electrónico. Este correo electrónico debe ser agradable y breve y no debe vender nada. Solo entrega el valor gratuito que prometiste. Lo único que debes agregar es un comentario ingenioso, por lo que a tus clientes potenciales se les recuerda, una vez más, por qué existes y qué problema resuelves. Después de agradecer que se hayan descargado nuestro valor junto a nuestro comentario ingenioso, vamos a darles uno o dos días para que disfruten de la lectura. Los despertaremos pronto.

- **Correo electrónico 2: problema + solución.** En el segundo correo electrónico, quizás enviado unos días después, querrás identificar el problema que vas a resolver para los clientes. Una vez que identifiques el problema, tienes que reconocer y empatizar con su dolor. Luego, presenta tu producto o servicio como la solución que resolverá ese punto exacto de dolor. Si bien estarás vendiendo el producto en este momento, no esperes que hagan un pedido. A menudo es el tercer, cuarto o quinto correo electrónico el que cierra el trato. Pero en este correo electrónico definitivamente les estamos haciendo saber que los vamos a ayudar. No olvides que deseas darle al cliente algo para aceptar o rechazar, y eso es lo que estamos haciendo aquí.

- **Correo electrónico 3: Testimonio del cliente.** Si es un éxito, tu último correo electrónico habrá hecho que tus clientes potenciales quieran lo que estás ofreciendo. Pero no quieren hacer una compra impulsiva. Una de las sensaciones que pueden tener es que les van a tomar por idiotas. Por supuesto, sabemos que no lo son, pero debemos ayudarlos a comprender que están a salvo. Una de las maneras en la que nos sentimos seguros es si hay más gente involucrada. Esa es una de las razones por las que los testimonios de los clientes son tan importantes. Encuentra a alguien que haya tenido éxito con tu producto o servicio, y captura esa experiencia por escrito. Recuerda mantener el testimonio breve y lleno de citas. No dejes que ese correo electrónico divague. A menudo, este es el correo en el que comenzarás a ver resultados esperanzadores.

- **Correo electrónico 4: Superar una objeción.** En este punto, muchos clientes quieren comprar y tal vez incluso saben que van a comprar, pero tienen una duda que los está frenando. En el cuarto correo electrónico, deseas ayudar a los clientes a superar una objeción común que las personas tienen para no comprar tu producto. Y no te preocupes si no estás abordando cualquier objeción misteriosa que tus destinatarios de correo puedan tener individualmente. Es probable que tus clientes potenciales tengan una objeción emocional, y al plantear una objeción similar, enfocarán esa emoción. Al ayudarlos a superar esa objeción, los ayudarás a superar su resistencia emocional a comprar tu producto.

- **Correo electrónico 5: Cambio de paradigma.** Un correo electrónico de cambio de paradigma es otra forma de superar una objeción del cliente. Muchos clientes sentirán que ya han probado lo que sea que estén vendiendo.

¿Pantalones cómodos de yoga? Ya los tuve. ¿Un servicio de limpieza que solo usa productos de limpieza orgánicos? Ya lo probé. Si los clientes sienten que ya han usado tu producto o servicio y no funcionó, ya está. Con razón no harán un pedido. Pero si puedes explicarles cómo eres diferente y que en realidad no han probado algo como esto, será más probable que te miren con nuevos ojos. Un cambio de paradigma es el lenguaje que dice: «Solías pensar esto, pero ahora debes pensar de esta manera». Es una herramienta poderosa utilizada para que las personas reconsideren la compra de tu producto.

- **Correo electrónico 6: Correo electrónico de venta.** En este sexto correo electrónico, solo solicita la venta. Me escuchaste bien. No vendas, solo pide la venta. En este punto, no queremos que tu cliente piense en otra cosa que no sea aceptar o rechazar nuestra oferta. Este es un buen momento para mencionar la oferta del tiempo limitado. ¿El plazo de tu oportunidad se va a cerrar? ¿La bonificación que viene con la oferta expirará? Si es así, menciona eso en la postdata de este correo electrónico y tendrás un gran éxito.

Una campaña de ventas por correo es más arte que ciencia. Hay infinidad de modelos de correos de ventas que puedes crear, pero estos correos individuales, y esta secuencia de 6 correos en este orden han funcionado para miles de nuestros clientes.

10

CÓMO EJECUTAR EL EMBUDO DE VENTAS DE MARKETING MADE SIMPLE

Una guía paso a paso.

Ahora que tienes todas las herramientas individuales para crear un embudo de ventas, querrás crear una estrategia de ejecución adecuada que garantice que le darás vida.

LA EJECUCIÓN ES PRIMORDIAL

Muchas personas que lean este libro se sentirán esperanzados. Y creo que tú lo estás. Pero ninguno de los sentimientos de esperanza sirve sin una correcta ejecución.

Mi amigo Doug le dijo recientemente a su esposa que tenía la intención de ayudar más en la casa. Su esposa lo miró con picardía y le explicó que las intenciones no cocinan el arroz. Doug entendió el comentario. Deja de hablar y haz el trabajo.

¿Recuerdas al principio de este libro cuando mencioné la disertación de J. J.? Él demostró que nuestra infraestructura de mensajería ayudará a cualquier negocio, pero solo en la medida en que realmente se ejecute el plan. Tener una estrategia para ejecutar tu embudo de ventas ayudará a asegurar que realmente suceda.

PROGRAMA SEIS REUNIONES AHORA PARA ASEGURARTE DE HACERLAS

Para ejecutar el embudo de ventas, deberás programar seis reuniones. Las personas que necesitarás que asistan a esas reuniones serán diseñadores de páginas web, redactores, gerentes cuyas aprobaciones serán necesarias y cualquier personal de apoyo que ayude a estos miembros del equipo a ejecutar.

La razón por la que deseas desarrollar y ejecutar tu embudo de ventas a través de una serie de reuniones estratégicamente programadas es crear un sistema de objetivos y responsabilidad programada para que tu equipo produzca un plan bien ejecutado. Todos los miembros del equipo comprenderán sus roles y tareas y se les darán plazos para alcanzar esos puntos de referencia.

Si estás creando un embudo de ventas por tu cuenta, cumple con el calendario de reuniones de todos modos. No dudes en invitar a colaboradores externos. Los colaboradores externos que asistan a estas reuniones ayudarán a garantizar que entienden las expectativas y te ahorrarán horas creativas a largo plazo. Si estás trabajando con una Guía de StoryBrand, tu asesor puede trabajar para programar estas reuniones en tu nombre y asegurarse de que estés en la sala y contribuyas a medida que el proyecto avance.

Estas son las seis reuniones que deberás programar con anticipación:

1. Reunión de objetivos.
2. Guion del Guion de Marca (BrandScript Script) y reunión del eslogan.
3. Esquema de la página web.
4. Generador de potenciales contactos comerciales (leads) y reunión sobre la secuencia de correos electrónicos.
5. Reunión para pulir contenidos.
6. Análisis de resultados y optimización.

Reunión #1: Reunión de objetivos

El objetivo principal de la primera reunión es decidir qué embudo de ventas crear primero.

Puede ser una pregunta fácil de responder, pero será más complicado de lo que pensabas. ¿Cuáles son los objetivos de la empresa? ¿La empresa está en transición? ¿Nuestro único objetivo es aumentar los ingresos o estamos tratando de hacer crecer una división específica?

Cuando llevo a cabo sesiones de estrategia de marketing de un día, empiezo tratando de averiguar si el objetivo del embudo de ventas que estamos creando es simplemente aumentar los ingresos, o no. Si el objetivo es aumentar los ingresos y hacer crecer la empresa, mi trabajo es fácil.

Si los líderes de la compañía quieren hacer crecer la compañía aumentando los ingresos, mi segunda pregunta es «¿Cuál es la división o producto más rentable que la compañía tiene actualmente en el mercado?»

La razón por la que pregunto esto es porque muchos líderes están tan cerca de sus productos y servicios que no pueden ver la dirección obvia que debe tomar la compañía.

Para entender cómo funciona un negocio, normalmente pienso en él utilizando la analogía de un viejo velero. Ya sabes, uno de esos barcos gigantes con veinte o más velas, ondeando y empujando el barco hacia adelante.

Al preguntar cuál es la división o producto más rentable, me pregunto qué velas están impulsando el barco hacia adelante. También quiero saber cuál es el producto o servicio menos rentable (o exitoso), y luego hago una serie de preguntas para determinar cuántos recursos se están gastando en algo que no funciona.

¿Qué producto vamos a vender?

Mi teoría sobre el crecimiento de una empresa es disminuir el tamaño de las velas que no se hinchan y aumentar el tamaño de las velas que sí lo hacen.

Esto difiere de la forma en que la mayoría de los líderes empresariales abordan sus productos y servicios. Para hacer crecer sus empresas, la mayoría de las personas ignoran lo que funciona y tratan de hacer que algo más comience a funcionar también. Pero a menos que tengas dominio del mercado con el producto que está funcionando, ¡la mejor oportunidad es verter gasolina en el fuego que ya está ardiendo!

En cualquier caso, el objetivo de la reunión de objetivos es determinar exactamente lo que vamos a vender.

Después de decidir qué vamos a vender, debemos establecer objetivos y expectativas. Generalmente fijamos objetivos estableciendo tres números específicos. El primer número es el objetivo real, el segundo es un número significativamente menor que representa un fracaso. Por fracaso, quiero decir que si vendemos solo estos productos, necesitamos analizar el producto en sí y luego la campaña de ventas para ver si el problema estaba en el producto o en la manera de venderlo. El tercer objetivo es divertido, y ese es el objetivo extendido. Si alcanzamos la meta extendida», sabemos que estamos ante algo importante. Una vez que sepas qué producto vas a vender y cuáles son tus objetivos, puedes pasar a aclarar tu mensaje sobre el producto en sí.

Reunión #2: Guion del Guion de Marca (BrandScript Script) y reunión del eslogan

Después de decidir qué embudos de ventas quieres crear primero, comienza a escribir parte del contenido que usarás en el embudo de ventas.

En la primera reunión de contenido, vas a crear tu guion del Guion de Marca y tu eslogan. Si no estás familiarizado con el guion del Guion de Marca, usa la herramienta gratuita en MyBrandScript.com. El uso de esta sencilla herramienta te ayudará a encontrar un lenguaje que puedas utilizar para completar todo tu embudo de ventas. Esto te ahorrará no horas, sino días, de trabajo y garantizará que el idioma que estás utilizando capta la atención de los clientes.

La reunión del guion del Guion de Marca y del eslogan debería durar entre tres y cuatro horas.

Después de crear su guion del Guion de Marca, transfiere tus respuestas al guion del Guion de Marca. Más abajo encontrarás un guion del Guion de Marca en blanco.

El propósito del guion del Guion de Marca es asegurarse de que comprendes exactamente a qué tipo de historia estás invitando a la gente. Una vez que definas la historia, debes seguir con el guion del Guion de Marca. Sigue presentando los mismos problemas internos, externos y filosóficos. Sigue diciendo a la gente cómo serán sus vidas después de que se resuelvan su problema. Continúa posicionándose como el guía. Bajo ninguna circunstancia debes desviarte del guion básico;

de lo contrario, la historia a la que estás invitando a la gente se volverá confusa.

Aquí hay otro guion del Guion de Marca que puede usar en la segunda reunión.

También puede descargar nuevas plantillas de papel en www.MarketingMadeSimple.com de forma gratuita.

En _____ [nombre de su empresa] sabemos que eres el tipo de persona que aspira ser _____ [identidad aspiracional].

Para ser así, necesitas _____ [lo que tu personaje quiere]. El problema es _____ [problema externo], que te hace sentir _____ [problema interno].

Creemos _____ [planteamiento filosófico del problema].

Entendemos _____ [empatía].

Por eso nosotros _____ [autoridad].

Este es el plan _____ [plan: paso uno, paso dos, paso tres].

Entonces _____ [llamada a la acción], para que puedas evitar _____ [fracaso] y comenzar _____ [éxito].

Una vez que hayas completado el guion, léelo en voz alta para asegurarte de que tenga sentido y suene natural.

Muchas veces, lo que queda bien por escrito no suena bien cuando se lee en voz alta. Aprovecha esta oportunidad para cambiar algunas palabras y hacer que suene genial.

Este guion del Guion de Marca ahora podrá actuar como un gran filtro para el resto de tu contenido.

Reunión 2 Parte 2: Crea tu eslogan

Tu eslogan es simplemente una versión reducida de tu guion del Guion de Marca. Utilízalo como base para crear tu eslogan y el proceso será bastante más fácil.

¿En qué problema te vas a enfocar? ¿Cuál será el resultado que experimentará el cliente?

Tómate tu tiempo y asegúrate de que suene bien y sea fácil de repetir. Haz estas cuatro preguntas para asegurarte de que el eslogan pasa el test del guion del Guion de Marca:

1. ¿Suena normal cuando lo dices en voz alta?
2. ¿Hay algo que puedas cambiar para hacer que el eslogan suene más familiar?
3. ¿Es fácil de memorizar para tu equipo y clientes?
4. ¿Son todas las partes simples, pero a la vez dan suficiente información para que nadie tenga que preguntar «¿Qué significa eso?»

Tu eslogan se puede usar en casi todos los contenidos que crees para la campaña. Incluso se puede incluir en la firma de todos los correos electrónicos de seguimiento y de ventas. Puedes usarlo también en tu página web o *landing page*, en folletos, en carteles de tienda y más.

No solo esto, sino que tu eslogan será el eje principal de toda tu campaña. Si todo lo que escribes no encaja con el eslogan, cámbialo. Tus clientes se confundirán si a la historia que los estás invitando no es consistente.

Lo último que debes hacer antes de salir de esta segunda reunión es decidir quién será responsable de cada tarea y cuáles son los plazos para cada sección.

Te dejo aquí un ejemplo de agenda para la Reunión #2:

⟶

1. Apertura de la reunión:
   a. Presenta a todos los asistentes en la sala para resaltar que la razón por la que están allí es porque aportan algo importante.
   b. Habla sobre el propósito del día: hacer que todos coincidan con un mensaje claro sobre lo que hace la compañía.
   c. Introduce el concepto de guion del Guion de Marca y el eslogan.
2. Actividad de guion del Guion de Marca:
   a. Introducción y propósito.
   b. Lluvia de ideas grupal.
   c. Decisión.
3. Actividad del eslogan.
   a. Introducción y propósito.
   b. Lluvia de ideas grupal.
   c. Decisión.
4. Asignar tareas y fechas límite.
5. Recordatorio a las personas sobre la próxima reunión para crear la plantilla de la página web.

Reunión #3: Esquema de la página web

Al comienzo de la tercera reunión, la sala se sentirá diferente. El equipo va a estar energizado, focalizado y emocionado por la posibilidad de que la campaña sea un éxito radical. El grupo también se sentirá organizado y encaminado, lo que provocará la excitación.

El objetivo de la tercera reunión es el esquema de la página web o la *landing page.*

Lo mejor de hacer un esquema de página web o la landing page es que también es un ejercicio para memorizar todo el lanzamiento.

La página web incluirá casi todos los puntos de discusión y los organizará para que sean claros y tengan sentido para los clientes potenciales. Sin embargo, lo más importante es que el discurso comenzará a tener sentido para los miembros de tu equipo. No te sorprenda si, durante este ejercicio, la gente se gira y te dice: «Hombre, yo querría comprar esto. ¡Este producto se ve realmente muy bien!»

No puedo contar cuántas sesiones de estrategia de marketing he realizado en las que no tenía ningún interés en el producto, pero para cuando terminamos de hacer el esquema de la página web, me encontré con ganas de comprar lo que estaba ayudando a otra persona a vender.

Hacer un esquema de la página web o landing page

Mira de no tratar ningún otro punto durante esta reunión que no sea el esquema o la *landing page*. Una vez lo hagas, finaliza la reunión. La razón por la que debes mantenerte enfocado es que tu página web probablemente sea la herramienta más importante que crees cuando se trata de cerrar ventas. Los correos electrónicos serán importantes, por supuesto, pero cada uno de esos correos electrónicos dirigirá a las personas a tu página web. Así que no te distraigas.

El equipo de diseño finalmente ayudará con los colores, las imágenes y la sensación general de la página, pero tu trabajo en esta reunión es completar el lenguaje y la estructura básica.

Por lo general, estructuro la página web en una pizarra, y le pido a todos en la sala que resgistren nuestras decisiones finales en su propio esquema de formato papel. ¿Por qué todos memorizan nuestras decisiones individualmente en lugar de que un solo miembro del equipo las escriba?

Porque al hacer que todos escriban las palabras que hemos decidido usar, estás implicando a todo el equipo, literalmente, en la misma página. Con su propia letra.

Una vez que expliques cómo vamos a realizar el proceso, empiezo con el encabezado, luego paso a las apuestas, la propuesta de valor y demás.

Como mencioné en el capítulo sobre cómo crear un esquema de web, no es necesario que sigas el orden exacto que he creado en este libro. De todas formas, el orden de las secciones que te propuse es excelente. Siéntete libre de improvisar, pero ten cuidado con ser demasiado creativo en tu interpretación. La palabra *creativo a* menudo es solo confusión disfrazada.

¿Recuerda las secciones de la página de inicio del Capítulo 5?

Las usarás para estructurar tu página en esta reunión:

* El encabezado.
* Las apuestas.
* La propuesta de valor.
* La guía.
* El plan.
* El párrafo explicativo.
* El video (opcional).
* Opciones de precios (opcional).
* El fondo del cajón.

Para guiarte, no dudes en acudir al capítulo sobre cómo crear un esquema de web.

Además, tienes tu guion de Guion de Marca y el eslogan para asegurarte de que estás utilizando un lenguaje coherente en toda tu *landing page*.

Finalmente, la tercera reunión debería ser muy divertida. Deberías entrar con algo de energía positiva y salir con aún más.

Aquí hay una agenda, de ejemplo, para hacer que esta reunión sea simple, clara y fácil:

--→

1. Apertura de la reunión:
   a. Presenta a todos los asistentes en la sala si es necesario y explica por qué están allí y qué aportan a la mesa.
   b. Habla sobre el propósito de la reunión: crear un esquema de página web completa con todas las secciones de la página de inicio de la página web.
   c. Presenta las secciones de la página web que cubrirás hoy.
2. Revisa el guion del Guion de Marca y el eslogan, y explica que la página web necesita mantenerse coherente tanto como sea posible.
3. Creación de la página web.
   a. El encabezado.
      i. Responde a las preguntas: ¿Qué estás ofreciendo? ¿Cómo mejoras la vida de nuestros clientes? ¿Dónde lo puedo comprar? ¿Cómo pueden comprarlo?
      ii. ¿Las imágenes que piensas utilizar respaldan el argumento de venta o confunden a los clientes sobre lo que estás vendiendo?
   b. Las apuestas.
      i. ¿Cómo será la vida si el cliente no compra tu producto o servicio?
      ii. ¿Qué experiencias negativas evitarás a sus clientes?
   c. La propuesta de valor.
      i. ¿Qué resultados positivos recibirá un cliente si compra su producto?
      ii. ¿Cómo será la vida de tus clientes si compran tu producto o servicio?

d. La guía:

    i. Empatía: ¿Qué afirmación empática puedes hacer que exprese tu interés, preocupación o comprensión sobre el problema de tu cliente?

    ii. Autoridad: ¿cómo puedes asegurar a tus clientes que eres competente para resolver su problema?

    iii. Testimonios.

    iv. Otros: logotipos, estadísticas.

e. El plan.

    i. Tres o cuatro pasos: ¿Cuál es el camino que debe seguir un cliente antes o después de comprar tu producto?

    ii. ¿Cuáles son los beneficios de cada uno de esos pasos?

f. El párrafo explicativo.

    i. Simplemente usa tu eslogan seguido de tu guion de Guion de Marca para hacer que esta sección sea simple, clara y fácil.

g. El video (opcional).

    i. Escoger el video.

    ii. Decidir el título.

h. Opciones de precio (opcional).

    i. ¿Cómo visualizarás visualmente el precio o los precios de este producto?

i. El fondo del cajón.

4. Asigna tareas y plazos.

5. Programa o recuerda al equipo acerca de la próxima reunión en la que discutirás las secuencias de correo electrónico.

Reunión #4: Generador de potenciales contactos comerciales y secuencias de correo electrónico

Para la reunión cuatro, es posible que no necesites a todo el equipo. La tarea asignada en esta reunión se dirigirá principalmente a redactores. Aunque los fotógrafos, diseñadores y quien esté manejando tu plataforma de correo electrónico de marketing también deberán mantenerse informados.

El propósito de la cuarta reunión es decidir qué lenguaje se utilizará en tu generador de potenciales contactos comerciales y correos de seguimiento y ventas.

La razón por la que deseas abordar este tema es porque parte del lenguaje que uses se superpondrá.

Al final de esta reunión, quieres tener el título de tu primer generador de potenciales contactos comerciales, el resumen de contenido básico para el generador de potenciales contactos comerciales, una lista de posibles correos electrónicos de seguimiento y una lista de temas y tipos de correos electrónicos de ventas que pedirás a los redactores que escriban.

Conserva una lista de todas las ideas en relación con el generador de potenciales contactos comerciales y las ideas de los correos electrónicos de seguimiento que se le ocurran en la reunión porque cualquier idea que descartes para el generador de potenciales contactos comerciales se puede reutilizar como correo electrónico de seguimiento.

El primer objetivo de la reunión es decidir sobre un generador de potenciales contactos comerciales. No dejes que esta conversación se alargue. La clave aquí es acordar uno que realmente sea bueno, esbozar rápidamente el contenido, asignar la escritura a un redactor y seguir adelante.

La segunda tarea es crear una secuencia de correos electrónicos de ventas, una secuencia de correos electrónicos de seguimiento o ambas.

Recomiendo describir primero la secuencia de ventas, pero solo si puede continuar la secuencia de ventas con al menos seis o siete correos electrónicos de seguimiento. Esto asegura que tus clientes potenciales no sientan que después de comprar han sido abandonados.

Si solo tienes tiempo o banda ancha para crear ocho o diez correos electrónicos, comienza creando una buena secuencia de seguimiento y luego regresa más tarde y crea una secuencia de ventas que se inserte entre el generador de potenciales contactos comerciales y la secuencia de seguimiento.

La campaña perfecta incluiría un gran generador de potenciales contactos comerciales, seguido de una serie de ventas, y a continuación una muy larga secuencia de seguimiento. Es posible que no obtengas todo lo expuesto en esta reunión, pero puedes hacer algunos progresos serios.

El único error que puedes cometer en esta reunión es cerrarla sin tomar decisiones firmes en las que el equipo pueda actuar. Esta vez debería dar como resultado un generador de potenciales contactos comerciales real que recopile direcciones de correo electrónico, seguido de mensajes que generen confianza con los clientes y comience a cerrar ventas.

Si tienes tiempo, puedes sumergirte en escribir algunos de los correos electrónicos, pero asegúrate de entregar cualquier copia que se te ocurra al redactor, quien será el responsable de armar toda la campaña.

Un diseñador gráfico también debe estar en esta reunión para que pueda discutir las imágenes que usarás en el generador de potenciales contactos comerciales junto con las imágenes que usarás (si las hubiera) en los propios correos electrónicos. Agenda de muestra:

→

1. Apertura de la reunión:
   a. Presenta a todos las personas de la sala si es necesario y explica cuáles serán sus funciones dentro de la campaña.

b. Habla sobre el propósito del día: decide sobre un generador de potenciales contactos comerciales, crea un contenido para el generador de potenciales contactos comerciales y describe las diversas campañas de correo electrónico que has decidido crear.

c. Presenta el concepto de generador de potenciales contactos comerciales, correos electrónicos de seguimiento y correos electrónicos de ventas.

2. Revisa el guion del Guion de Marca y un eslogan como resultado para mantener la coherencia de contenido.

3. Generador de potenciales contactos comerciales.

a. Comparte tus percepciones sobre una lista de ideas para generadores potenciales contactos comerciales.

b. Decide lo primero en crear.

c. Crea un esquema para el contenido.

d. Guarda ideas de generador de potenciales contactos comerciales no utilizadas para contenido potencial de correo electrónico de seguimiento.

4. Correos electrónicos de seguimiento.

a. Lluvia de ideas sobre posibles tipos.

i. Anuncios semanales.

ii. Consejos semanales.

iii. Notificaciones semanales.

b. Toma una decisión y crea líneas de asunto y breves puntos de conversación para cada uno. A tu redactor le encantará cómo le llegan la aportación de ideas.

5. Correos electrónicos de ventas (describe el contenido de cada tipo a medida que avanza).

a. Título del correo Entregar el activo.

b. Título del correo Problema + Solución.

c. Título del correo testimonial.

d. Título del correo objeción superada.

 e. Título de Correo cambio de paradigma.

 f. Título del Correo de ventas.

6. Asigna tareas y plazos.

7. Discute cuándo tendrá lugar la próxima reunión. En la próxima reunión, pulirás el contenido.

Reunión #5: Reunión de perfeccionamiento del contenido

Durante la reunión cinco, la campaña finalmente se integra. Recomiendo imprimir una copia física y maquetada de todos los contenidos, desde el eslogan hasta cada correo electrónico.

Coloca notas de *post-it* en la pared para que puedas ver toda la campaña visualmente.

¿Por qué papel? Debido a que estas campañas se esconden tras la pantalla del ordenador y de aquí en adelante, nunca podrás verlas de un vistazo.

Haz que un miembro de tu equipo prepare la pared para que no pierdas mucho tiempo descifrándolo. Una vez que todo esté en la pared, entrega copias impresas de los correos electrónicos para que podáis leerlos juntos.

Piensa en esta reunión como algo similar a la lectura en la mesa de una película o comedia. Antes de filmar una película, los actores y directores a menudo se juntan y leen el guion sentados alrededor de una mesa.

El proceso de lectura en una mesa revela los aspectos más destacados y los defectos del guion. Si sigues nuestras instrucciones, te sorprenderá lo buena que es tu campaña y cuánto has dejado de lado sin darte cuenta.

En nuestra última lectura en la mesa, nos dimos cuenta de que apenas hablamos de los problemas de nuestros clientes. ¡Qué enorme error!

Pudimos corregir ese error escribiendo un lenguaje que definiera los problemas de nuestros clientes y luego insertamos ese lenguaje en cada correo electrónico.

Este proceso es tan importante que a veces tomo letras de diferentes colores y el texto resaltado para asegurarme de que abarcamos todos los elementos de una buena historia. Puedo usar los enfatizadores verdes para resaltar todos los beneficios que obtendrá nuestro cliente y los rojos para resaltar todos los problemas o consecuencias con los que nuestros clientes están luchando.

Mirar visualmente tu campaña, usando secciones codificadas por colores, te permite ver si tu campaña fluye o está incluso en ejecución.

Durante la última parte de esta reunión, querrás programar cuándo se lanzará todo.

¿Qué día se lanzará la nueva página web? ¿Con qué frecuencia enviarás los correos electrónicos? ¿Qué campaña de correo electrónico ejecutarás primero?

Aquí hay una agenda de muestra para la reunión cinco:

---→

1. Apertura de la reunión:
   a. Habla sobre el propósito del día: repasar las campañas creadas para preparar el lanzamiento y establecer el calendario.
2. Revisa y edita el eslogan.
3. Revisa y edita la página web.
4. Revisa y edita el generador de potenciales contactos comerciales.
5. Revisa y edita los correos electrónicos de seguimiento.
6. Revisa y edita los correos electrónicos de ventas.
7. Decide cuando vas a lanzar la campaña.

8. Asigna tareas y plazos.
9. Establece una fecha aproximadamente un mes después del lanzamiento de la campaña para revisarla y hacer cambios y mejoras.

Reunión #6: Reunión de análisis y perfeccionamiento de resultados

Es importante asegurarse de que la campaña que se creó esté funcionando. Sé que eso suena simple, pero es muy fácil lanzar una campaña y dejarla en marcha tanto si funciona como si no. No cometas este error. Incluso el mejor de los resultados puede y debe mejorarse.

¿Qué partes de la campaña funcionan y qué partes no? ¿Qué puede y debe cambiarse? ¿Quién hará esos cambios?

Preguntas que hacer:

1. ¿Parece que un mensaje de correo electrónico funciona mejor que los demás?
2. ¿Podemos duplicar lo que funciona en otros mensajes agregando postdata o un lenguaje similar?
3. ¿A qué responden los clientes en relación a nuestro mensaje?
4. ¿Qué no responden los clientes en relación a nuestro mensaje?
5. ¿Son nuestras llamadas a la acción lo suficientemente fuertes?
6. ¿Cuál es el aspecto más confuso de nuestra campaña y cómo podemos solucionarlo?

Si tienes datos, revísalos. ¿Qué correos electrónicos se están abriendo? ¿Qué porcentaje de personas que llegan a la landing page están haciendo una compra? ¿Cuál es la tasa de apertura de cada correo electrónico? (Me encanta reemplazar el correo electrónico de menor rendimiento con algo completamente nuevo).

El objetivo de esta reunión es refinar, refinar, refinar. Aquí hay una agenda de muestra para la sexta reunión:

--→

1. Explica que el objetivo de esta reunión es refinar una campaña específica.
2. Distribuye los correos electrónicos de la campaña.
3. Revisa los datos. ¿Qué funciona y qué no?
4. Revisa, edita o reemplaza todo lo que no funciona.
5. Discute lo que funciona y mira si puedes usar parte del lenguaje en otros lugares como la página web o los correos electrónicos.
6. Asigna las revisiones a los responsables.

Si ejecutas estas seis reuniones, deberías ver resultados muy positivos. La mayoría, si no todos los clientes con los que han trabajado nuestros guías se han quedado impresionados por lo mucho que estas campañas simples pero claras han hecho crecer sus negocios.

Si bien crear un embudo de ventas requiere creatividad y trabajo duro, no debería ser difícil. De hecho, debería ser divertido.

Hace años, empecé a practicar la pesca con mosca. Principalmente pesco para pasar el rato con mis amigos y la verdad es que no soy muy bueno, pero todavía me encanta salir a pescar.

Cada vez que pesco, no puedo evitar pensar en marketing. Como pescador, siempre te preguntas dónde están comiendo los peces y qué están comiendo.

Si te acercas a cada una de las seis reuniones de ejecución preguntándote lo mismo, estarás en el buen camino.

CONCLUSIÓN

Imagina que de aquí a un año has creado uno o dos embudos de ventas que harán crecer tu negocio. ¿Cómo es tu vida? ¿Cuáles son tus ingresos? ¿Y qué te permiten hacer esos ingresos?

Si sigues el plan que describimos en este libro, verás resultados.

Si bien hay otros aspectos del marketing a tener en cuenta, estos son los aspectos básicos. Esto es un un marketing simple que te será muy útil.

ACERCA DE LOS AUTORES

Donald Miller es el CEO de Business Made Simple y creador del StoryBrand Marketing Framework. Más de diez mil empresas han utilizado su esquema para clarificar sus mensajes de marketing. Donald envía un consejo comercial diario a más de cien mil líderes empresariales a través de BusinessMadeSimple.com.

El Dr. J. J. Peterson se desempeña como Jefe de Formación de StoryBrand, así como codirector del podcast *Construyendo una StoryBrand* junto a Donald Miller. J. J. es doctor en Comunicación y antes de unirse a StoryBrand pasó los veinte años anteriores enseñando y practicando comunicación en la industria del entretenimiento y la educación superior.

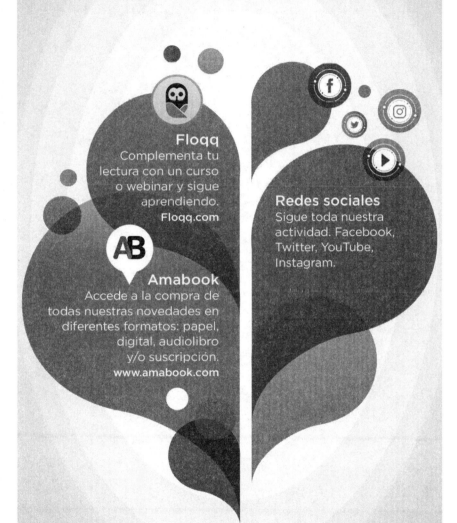